Edition Centaurus – Soziale Analysen und Interventionen

Herausgegeben von
A. Scherr, Freiburg, Deutschland

Die Buchreihe präsentiert exemplarische Studien, in denen Erfordernisse, Möglichkeiten und Grenzen pädagogischer, sozialarbeiterischer und politischer Interventionen aufgezeigt werden. Sie bietet einen Publikationsort für empirisch fundierte Analysen, die mit Methoden der qualitativen und quantitativen Sozialforschung darauf ausgerichtet sind, das Spannungsverhältnis zwischen den oft weitreichenden Veränderungsabsichten professioneller und ehrenamtlicher Akteure sowie den sozialen Bedingungen auszuloten, die solchen Absichten Grenzen setzen. Auf dieser Grundlage wird der Möglichkeitsraum aufgezeigt, in dem soziale Interventionen situiert sind. Die Reihe ist disziplinübergreifend ausgerichtet (Soziologie, Soziale Arbeit, Erziehungswissenschaft, Politikwissenschaft). Die Beiträge der Reihe richten sich an Studierende, Lehrende und Forschende.
Die Reihe ist ursprünglich mit dem Titel „Soziale Analysen und Interventionen" beim Centaurus Verlag erschienen.

Herausgegeben von
Albert Scherr
Institut für Soziologie
Pädagogische Hochschule Freiburg
Freiburg, Deutschland

Dorothee Geiger

Handlungsfähigkeit von geduldeten Flüchtlingen

Eine empirische Studie auf der Grundlage des Agency-Konzeptes

Springer VS

Dorothee Geiger
Freiburg, Deutschland

OnlinePLUS Material zu diesem Buch finden Sie auf
http://www.springer-vs.de/978-3-658-10735-2

Edition Centaurus – Soziale Analysen und Interventionen
ISBN 978-3-658-10735-2 ISBN 978-3-658-10736-9 (eBook)
DOI 10.1007/978-3-658-10736-9

Die Deutsche Nationalbibliothek verzeichnet diese Publikation in der Deutschen Nationalbibliografie; detaillierte bibliografische Daten sind im Internet über http://dnb.d-nb.de abrufbar.

Springer VS

Gedruckt auf säurefreiem und chlorfrei gebleichtem Papier

Springer Fachmedien Wiesbaden ist Teil der Fachverlagsgruppe Springer Science+Business Media
(www.springer.com)

DANKE

…an Raza und Shaikh aus Pakistan, an Arash aus Afghanistan und Nazim und Fadil aus dem Kosovo, die mir über ihr Leben in Deutschland berichteten. Ihre Erzählungen und unsere Treffen haben mich alle sehr berührt und ich habe großen Respekt vor dem Mut und dem Optimismus dieser jungen Männer, allen Widrigkeiten zum Trotz.

Inhaltsverzeichnis

Zusatzmaterialien sind unter www.springer.com auf der Produktseite dieses Buches verfügbar.

Abkürzungsverzeichnis

Abs.	Absatz
Art.	Artikel
AsylbLG	Asylbewerberleistungsgesetz
AsylVfG	Asylverfahrensgesetz
AufenthG	Aufenthaltsgesetz (Gesetz über den Aufenthalt, die Erwerbstätigkeit und die Integration von Ausländern im Bundesgebiet)
BAMF	Bundesamt für Migration und Flüchtlinge
BAMS	Bundesministerium für Arbeit und Soziales
BVerfG	Bundesverfassungsgericht
ESF	Europäischer Sozialfonds
EU	Europäische Union
FlüAG	Flüchtlingsaufnahmegesetz Baden-Württemberg
GFK	Genfer Flüchtlingskonvention
UNHCR	United Nations High Commissioner for Refugees (Flüchtlingswerk der Vereinten Nationen)

1 Einleitung

„Ich hab' jetzt keine Plan, weil mit Duldung (…) kann man nichts in Deutschland machen" (Interview Arash, Z. 187f.). Dies ist ein Satz aus dem Interview mit dem 21-jährigen Arash,[1] das im Rahmen dieser Arbeit geführt wurde. Arash ist vor fünf Jahren aus Afghanistan nach Deutschland geflüchtet und wartet seitdem auf eine Aufenthaltserlaubnis. So wie ihm geht es derzeit rund 94 000[2] Menschen in Deutschland, die aus ihren Heimatländern geflohen sind, weil sie dort aufgrund von Kriegen, religiöser oder ethnischer Verfolgung und massiver Diskriminierung um ihr Leben fürchten mussten (vgl. Statistisches Bundesamt 2015). Viele haben alles zurückgelassen, nicht selten ihre eigene Familie. In Deutschland angekommen erwartet sie ein oft langwieriges Asylverfahren, das für diese Gruppe von Flüchtlingen kein positives Ende nimmt: „Antrag abgelehnt" heißt es in ihrem Bescheid. Weil sie aus rechtlichen oder tatsächlichen Gründen nicht sofort abgeschoben werden (können), erhalten sie eine Duldung, was eine vorübergehende Aussetzung der Abschiebung bedeutet. Sie sind in Deutschland für die jeweils nächsten drei oder sechs Monate geduldet; eine Perspektive für die Zukunft wird ihnen (vorerst) nicht geboten.

Diese Personen, fortan geduldete Flüchtlinge genannt, sind nur ein Teil der Menschen, die jährlich nach Deutschland kommen und um Asyl bitten. 2014 stellten rund 180 000 Personen einen Asylantrag in Deutschland.[3] Weltweite kriegerische Auseinandersetzungen, brutale Diktaturen, militante Terrorgruppen und Menschenrechtsverletzungen lassen die Flüchtlingszahlen nach oben steigen. Nach Angaben des Flüchtlingshilfswerkes der Vereinten Nationen (UNHCR) befanden sich Ende 2013 weltweit 51,2 Millionen Menschen auf der Flucht (vgl. UNHCR 2014a: 2). Der größte Teil davon, 33,3 Millionen am Jahresende von 2013 (vgl. ebd.), sind jedoch Binnenvertriebene, die in ihrem Heimatland in einem anderen Gebiet Schutz suchen. Verlassen die Menschen dieses doch, verbleiben sie häufig in benachbarten Ländern. Die kleinere Gruppe von Flüchtlingen, welche die nötigen finanziellen Mittel und den nötigen Mut für die oft lebensgefährliche

---

1 Alle Befragten erhielten ein Pseudonym (vgl. 5.4).

2 Stand vom 31.12.2013.

3 Diese Zahl setzt sich aus Erst- sowie Folgeanträgen, die in Deutschland von Januar bis Ende November 2014 gestellt wurden, zusammen (vgl. BAMF 2014b: 2).

Flucht nach Europa aufbringt und diese überlebt, stellt die derzeitige Flüchtlings- und Asylpolitik der westlichen Länder auf eine Probe.[4]

Die öffentliche Wahrnehmung von Flüchtlingen in den deutschen Medien ist heute geprägt von Bildern voll besetzter Boote auf dem Mittelmeer, von aus allen Nähten platzenden Erstaufnahmeeinrichtungen und Debatten über die weitere Unterbringung und den Umgang mit den ankommenden und bereits hier lebenden Personen. Vor allem in der zweiten Jahreshälfte 2014 waren die Medien voll mit Berichten von Städten und Kommunen, die dem „Flüchtlingsansturm" nicht gewachsen waren und verzweifelt nach Unterbringungsmöglichkeiten suchten (vgl. u.a. Oberhuber 2014). Flüchtlinge erscheinen in diesem medialen Diskurs oftmals als eine die Bundesregierung und Landesregierungen unter Druck setzende Herausforderung, die es zu bewältigen gilt (vgl. ebd.). Gleichzeitig lässt sich vielerorts eine gelebte Solidarität und „Willkommenskultur" in Form von zahlreichen Initiativen und Unterstützungsangeboten der lokalen Bevölkerung für die ankommenden Flüchtlinge erkennen (vgl. Preuß 2014; Prantl 2014b). Sind diese dann vorerst notdürftig in prekären Unterkünften untergebracht, wird geprüft, ob ihnen Schutz bzw. Asyl gewährt werden kann. Währenddessen ist das Leben der Flüchtlinge geprägt vom Zustand des Wartens – Warten auf die Gestattung oder Ablehnung des Asylgesuchs, Warten auf eine Arbeitserlaubnis, Warten auf die Möglichkeit eines Deutschkurses und vor allem Warten auf eine sichere Zukunft. Wessen (Flucht-)Schicksal vom Bundesamt für Migration und Flüchtlinge (BAMF) als plausibel und wahr anerkannt wird und wer aus „begründeter Furcht vor Verfolgung" (§3 Abs. 1 AsylVfG) den Schutz seines Heimatlandes nicht wahrnehmen kann, hat „Glück im Unglück" und bekommt einen dreijährigen Aufenthaltstitel im Rahmen vom Flüchtlingsschutz oder einer Asylberechtigung bzw. als subsidiär Schutzberechtigte eine Aufenthaltserlaubnis für ein Jahr. Für die anderen, welche eine Duldung erhalten, geht das Leben „im Wartesaal Deutschland" (Fritz/Groner 2004) weiter. Sie müssen jetzt zwar keine Angst mehr vor nächtlichen Bombenanschlägen oder existenzgefährdenden Notlagen haben, die Angst vor einer ungewissen Zukunft wird ihnen jedoch nicht genommen. Die meisten der geduldeten Flüchtlinge leben in sogenannten Gemeinschaftsunterkünften unter sehr beengten Wohnverhältnissen; der beschränkte Zugang zu Bildung und Arbeit trägt zu einem Leben unter prekären Bedingungen bei. Die nationale Integrationspolitik grenzt Asylsuchende und weitere Personen, denen die primäre Integrationsbedingung, nämlich ein dauerhafter und gesicherter Aufenthaltsstatus, fehlt, aus (vgl. Scherr

4 Im ersten Halbjahr 2014 stellten 264 000 Menschen einen Asylantrag in Europa (vgl. UNHCR 2014b: 8).

2007: 1).[5] Damit sind sie von den meisten integrationspolitischen Maßnahmen ausgeschlossen, da nicht ihr ständiger Aufenthalt und ein Leben in Deutschland, sondern eine baldmögliche Rückführung bzw. Abschiebung, vorgesehen sind und somit die aufenthaltsrechtliche Situation „geduldet" als Synonym für den gesellschaftlichen und politischen Umgang der Personen steht (vgl. Kühne 2003: 215).

Wie Menschen unter diesen Bedingungen und Voraussetzungen, teilweise jahrelang, ihr Leben führen und meistern, wie sie trotz allen Herausforderungen und Schwierigkeiten die Hoffnung auf ein „besseres Leben" (vgl. Interview Nazim, Z. 129) nicht verlieren; wie sie aber auch an manchen Punkten verzweifeln, Angst haben, „es nicht zu schaffen" (vgl. Interview Raza, Z. 22) und die repressiven Strukturen übermächtig erscheinen, wird in dieser Arbeit zum Forschungsgegenstand gemacht. Dies geschieht unter dem Blickwinkel des bei den amerikanischen AutorInnen Mustafa Emirbayer und Ann Mische in ihrer 1998 erschienenen Publikation „What is Agency?" vorzufindende sozialwissenschaftliche Agency-Konzept, das versucht, Handlungsfähigkeit von Individuen zu erfassen. Dabei geht es auf das Zusammenspiel und die Wechselwirkung von individueller Selbstbestimmung und struktureller Bestimmtheit ein, indem es Handlungsfähigkeit als kontextuell situierte Fähigkeit zeitlich verortet und damit eine Perspektive eröffnet, die jenseits einer Dichotomie von Individuum und Struktur eine sinnvolle Untersuchung von Handlungsfähigkeit ermöglicht (vgl. Emirbayer/Mische 1998: 963). In der Literatur sowie der Sozialen Arbeit werden Flüchtlinge in vielen Fällen als Opfer ihrer Verhältnisse und beherrscht von repressiven Strukturen dargestellt und wahrgenommen (vgl. Seukwa 2010: 5). Dies führt häufig zu Mitleid gegenüber dieser marginalisierten Gruppe sowie einem defizitorientierten Umgang. Damit entsteht ein einseitiges Bild von Menschen, welche neben ihres „Flüchtlingsstatus" als Subjekte mit individuellen Handlungsorientierungen und der Fähigkeit, ihre Situation zu überwinden bzw. damit umzugehen, konzipiert werden müssen. Denn wie einige wenige Studien (vgl. Seukwa 2010) sowie von Flüchtlingen initiierte oder durchgeführte Projekte bezeugen,[6] finden viele der Flüchtlinge trotz

5 Scherr (2007) geht in seinem Vortrag auf den problematischen Begriff „Integration" ein. Dabei sieht er Integration als „Inklusion in das Bildungssystem und den Arbeitsmarkt" (ebd.: 4) als nicht ausreichend, wenn dabei weiterhin strukturelle Benachteiligung anstatt Chancengleichheit vorherrscht. Neben der „Integration als Inklusion in Teilsysteme" (ebd.: 5) der Gesellschaft spricht er die „lebensweltliche Integration" (ebd.: 5) an, welche „Integration auf der Ebene von Nachbarschaften, Freundschaftsbeziehungen, Familien und im Bereich der Freizeit" (ebd.: 5) meint. Wie bereits angesprochen und ausführlicher unter 2.2.2 erläutert, stellt sich bei geduldeten Flüchtlingen sowohl die Inklusion in gesellschaftliche Teilbereiche als auch die Herstellung von sozialen Kontakten außerhalb ihres direkten Umfeldes, was meist aus anderen (geduldeten) Flüchtlingen besteht, als sehr schwierig dar.

6 Vgl. beispielsweise das Projekt „Jugendliche ohne Grenzen", welches ein bundesweiter Zusammenschluss von jugendlichen Flüchtlingen in Deutschland ist (http://jogspace.net/, zuletzt geprüft am 13.01.2015).

der vorherrschenden Einschränkungen und repressiven Strukturen, Wege und Mittel, handlungsfähig zu bleiben oder zu werden. *Wie und in welcher Form geduldete Flüchtlinge in Deutschland innerhalb der gegebenen Strukturen handlungsfähig sind*, wird in dieser Arbeit untersucht. Dabei soll der Blickwinkel von der Beschreibung der offensichtlichen prekären Lebenslage hin zu Prozessen und spezifischen Ausprägungen von Handlungsfähigkeit gelenkt werden.

Zur Umsetzung dieses Zieles wurden im Rahmen der hier gewählten explorativen biographieanalytischen Herangehensweise fünf geduldete Flüchtlinge aus unterschiedlichen Herkunftsländern mithilfe von narrativen Interviews befragt. Die Erzählungen der jungen Männer gewähren Einblick in die Lebenswirklichkeit von geduldeten Flüchtlingen in Deutschland. Eine Analyse der erhobenen Interviews gibt das Bild von Personen wieder, die sich in massiv einschränkenden Strukturen und Regelungen des rechtlichen Aufenthaltsstatus der Duldung bewegen. Dabei lässt sich jedoch trotzdem, von Fall zu Fall unterschiedlich, ein gewisses Maß an Handlungsfähigkeit im Sinne des verwendeten Agency-Konzeptes identifizieren, welches die befragten Personen im Zusammenspiel mit den sie umgebenden Strukturen anhand von unterschiedlichen Strategien und mithilfe von verschiedenen Ressourcen (wieder-)herstellen oder aufrechterhalten.

Den Ausgangspunkt der Arbeit bildet die Beschreibung des Feldes, um damit den Forschungsgegenstand vor der empirischen Untersuchung klar zu umreißen und theoretische Grundlagen darzustellen. Nach einer Erläuterung des Begriffs des Flüchtlings (vgl. 2.1) wird eingehender auf den Status der Duldung und damit einhergehenden Problematiken, Kontroversen und Schwierigkeiten eingegangen (vgl. 2.2). Danach wird auf das Agency-Konzept Bezug genommen, das dieser Untersuchung als theoretischer Rahmen dient. Dabei erfolgt zunächst eine knappe Darstellung des sozialwissenschaftlichen Agency-Diskurses (vgl. 3.1) um dann ausführlich auf das Agency-Konzept von Emirbayer und Mische (1998) einzugehen (vgl. 3.2). Nachdem die Entwicklung des Ansatzes aufgezeigt wurde (vgl. 3.2.1), wird das hier verwendete Verständnis von Agency erläutert (vgl. 3.2.2). Zudem wird die Verbindung zwischen der Theorie und der Empirie hergestellt, indem im abschließenden Punkt Implikationen der Theorie für die empirische Forschung aufgezeigt werden (vgl. 3.2.3). Im letzten Punkt des Theorieteils findet eine Darstellung des aktuellen Forschungsstandes und daraus folgendem Forschungsbedarf im Bereich Handlungsfähigkeit von geduldeten Flüchtlingen, statt (vgl. 4.). Im methodischen Teil der Arbeit werden zunächst Fragestellung und Ziel der Arbeit formuliert (vgl. 5.1). Daraus ergibt sich die Wahl der Methoden, welche in den nächsten Punkten begründet und dargestellt wird. So folgt zunächst eine Betrachtung von Biographieforschung, die dieser Arbeit als übergreifender Forschungsansatz dient (vgl. 5.2). Anschließend wird die methodische Vorgehensweise des narrativen Interviews und der Narrationsanalyse, anlehnend an Fritz

Schütze, entlang des Forschungsprozesses erläutert und begründet (vgl. 5.3 und 5.4). Diese methodischen Vorüberlegungen münden im empirischen Teil der Arbeit. Dort werden die zwei analysierten Fälle detailliert dargestellt, indem zunächst eine fokussierte Falldarstellung des Interviews geschieht (vgl. 6.1.1 und 6.2.1), um danach zu jedem Fall eine zusammenfassende Rekonstruktion der Handlungsfähigkeit vorzunehmen (vgl. 6.1.2 und 6.2.2). Nach der Darstellung der Einzelfallanalyse finden sich die Ergebnisse der kontrastiven Vergleiche der fünf Interviews in Form von zentralen herausgearbeiteten Dimensionen und ihrer Bedeutung hinsichtlich Handlungsfähigkeit (vgl. 7.). In der darauffolgenden Diskussion werden die Ergebnisse der Arbeit im Zusammenhang mit dem verwendeten Agency-Konzept besprochen, methodische Reflexionen und Einschränkungen vorgenommen sowie weiterer Forschungsbedarf aufgezeigt (vgl. 8.). Das Ende der Arbeit bildet das Fazit, in welchem Schlussfolgerungen aus den Ergebnissen der Arbeit sowohl für die Forschung als auch für Politik und Gesellschaft gezogen werden (vgl. 9.).

2 Theoretische Grundlagen der Asylpolitik

Die Asylpolitik in Deutschland ist Teil einer gemeinsamen Flüchtlingspolitik der Europäischen Union (EU), welche die Aufnahme von Flüchtlingen und deren Rechtsstellung zum Gegenstand hat und eine Harmonisierung des europäischen Asyl- und Flüchtlingsrechtes anstrebt. Innerhalb der gemeinsamen EU-Politik finden sich in den einzelnen Nationalstaaten unterschiedliche Politiken, Regelungen und Gesetze, die sich konkret mit dem Umgang der in dem Land lebenden Flüchtlinge beschäftigen. In diesem Kapitel sollen die relevanten Begrifflichkeiten und Bestimmungen der deutschen Asylpolitik, welche die (rechtlichen) Rahmenbedingungen für die Befragten ausgestaltet, umfassend behandelt werden. Deshalb wird in diesem Kapitel der Fokus auf die Duldung gelegt. Zunächst wird dazu der im Titel der Arbeit vorzufindende Begriff „geduldete Flüchtlinge" knapp erläutert sowie seine Verwendung kritisch betrachtet. Unter Punkt 2.2.2 wird die aufenthaltsrechtliche Situation, in welcher sich geduldete Flüchtlingen befinden, ausführlich beschrieben, um dann unter Punkt 2.2.3 die Konsequenzen, welche eine Erteilung einer Duldung für die unterschiedlichen Bereiche der Menschen mit sich bringt, aufzuzeigen. Abschließend wird unter 2.2.3 auf die Entwicklung und aktuelle Diskurse in Bezug auf Bleiberechtsregelungen eingegangen, welche für geduldete Flüchtlinge entscheidend hinsichtlich eines längerfristigen Aufenthaltes in Deutschland sind. Im Hinblick auf das Forschungsinteresse, in dem es darum geht, wie Flüchtlinge unter den offensichtlichen Einschränkungen und restriktiven Bedingungen einer Duldung leben und handlungsfähig sind, ist es sinnvoll, die generellen Bedingungen, die eine Duldung mit sich bringt, aufzuzeigen. Somit können später Aussagen über deren einschränkenden oder ermöglichenden Einfluss auf die Handlungsfähigkeit von Flüchtlingen und dem Wechselspiel von strukturellen Bedingungen und individueller Selbstbestimmung getroffen und die Erzählungen der Befragten in einen größeren Kontext eingeordnet werden. Dabei werden im theoretischen Teil die Lebensbedingungen vor allem aus einer Makroperspektive betrachtet und verstärkt rechtliche Bestimmungen und ihre Folgen aufgezeigt.[7]

---

7 In den für die Asylpolitik maßgeblichen Gesetzen wie dem Aufenthaltsgesetz, dem Asylbewerberleistungsgesetz und dem Asylverfahrensgesetz finden sich eine Vielzahl von Ermessens- und Gestaltungsspielräumen hinsichtlich der konkreten Umsetzung in den jeweiligen Bundesländern. Innerhalb der dadurch resultierenden unterschiedlichen Handhabungen wird hauptsächlich die Situation in Baden-Württemberg, wo sich alle Befragten derzeit aufhalten, aufgezeigt. Dabei

2.1 Zum Begriff „geduldete Flüchtlinge"

Im Sinne der Genfer Flüchtlingskonvention (GFK) vom 28. Juli 1951 und ihrem Zusatzprotokoll von 1967 ist ein Flüchtling eine Person, die „aus der begründeten Furcht vor Verfolgung wegen ihrer Rasse, Religion, Nationalität, Zugehörigkeit zu einer bestimmten sozialen Gruppe oder wegen ihrer politischen Überzeugung sich außerhalb des Landes befindet, dessen Staatsangehörigkeit sie besitzt, und den Schutz dieses Landes nicht in Anspruch nehmen kann oder wegen dieser Befürchtungen nicht in Anspruch nehmen will" (Art. 1 A Abs. 2 GFK). Die Verfolgung kann von staatlicher Seite bzw. staatsähnlichen Akteuren, als auch nichtstaatlicher Seite ausgehen, wenn der Staat keinen Schutz vor dieser Bedrohung bieten kann (BAMF 2014c). Damit ist der in dieser Arbeit verwendete Begriff „geduldete Flüchtlinge" im asylrechtlichen Sinne nicht korrekt, da Personen, die eine Duldung besitzen, nach Prüfung ihres Asylverfahrens nicht der Flüchtlingsstatus nach der Definition der GFK bzw. nach § 3 Abs. 1 AsylVfG zugesprochen wurde und sie auch nicht wie Asylberechtigte die gleiche Rechtstellung wie Flüchtlinge genießen. Doch auch wenn diese Personen im asylrechtlichen Sinn nicht als Flüchtlinge anerkannt sind, werden innerhalb einer erweiterten Flüchtlingsdefinition bzw. im allgemeinen Sprachgebrauch auch andere Personengruppen, die ihr Heimatland bzw. ihren derzeitigen gewohnheitsmäßigen Wohnort verlassen mussten, als Flüchtlinge bezeichnet. Wird in dieser Arbeit von geduldeten Flüchtlingen gesprochen, werden Personen, die aus ihrem Heimatland nach Deutschland geflohen sind und hier mit einer Duldung leben, verstanden. Diese werden häufig auch „de-facto-Flüchtlinge" (Die Bundesregierung 2015) bezeichnet. Nuscheler (2004) äußert sich zu dieser Diskrepanz zwischen der asylrechtlichen Bezeichnung und der tatsächlichen Wirklichkeit, und bezeichnet den Flüchtlingsbegriff „ [als] ein Sammelbegriff, der sehr unterschiedliche Typen von Flüchtlingen mit jeweils spezifischen Fluchtmotiven umgreift. Dem asylrechtlichen Flüchtlingsbegriff liegt dagegen ein Idealtypus des Flüchtlings mit ganz besonderen Eigenschaften, nicht der Realtypus heutiger Massenfluchtbewegungen, zugrunde" (ebd.: 107).

Der Gebrauch des Begriffs des „Flüchtlings" muss neben diesen Anmerkungen zusätzlich unter einem kritischen Licht betrachtet werden. So verweist Hemmerling (2003) auf die damit verbundene Gefahr der „Naturalisierung der Flücht-

wurde versucht, auf aktuelle Gegebenheiten und Veränderungen Bezug zu nehmen. Es werden dabei auch aktuell aufgrund rechtlicher Änderungen nicht mehr geltende Bedingungen erwähnt, um somit einen besseren Einblick in Entwicklungen der Asylpolitik zu bekommen und dem verändernden Kontexten, in denen sich die Befragten befinden, gerecht zu werden.

lingsexistenz“ (ebd.:15). Dabei wird die Flucht als zentrales Merkmal der Personen herausgestellt, wodurch andere Charaktereigenschaften dieser sowie (rechtliche) Rahmenbedingungen, welche dazu beitragen, dass sie in diesem Zustand verbleiben, ausgeblendet werden (vgl. ebd.: 15f.). „Flüchtling“ ist nach Seukwa (2010) „(…) kein Persönlichkeitsmerkmal, sondern ein Rechtskonstrukt, das als eine Folge institutionellen Handelns in der Ankunftsgesellschaft gesehen werden muss“ (vgl. ebd.: 3). Es ist folglich „der Umgang mit Flucht und ‚Flüchtlingen‘ im Zielland (…) [der] dazu beiträgt, ob diese Menschen ‚Flüchtlinge‘ bleiben oder die Flucht für sie ein Ende findet und ein Neuanfang möglich wird“ (Hemmerling/Schwarz 2004: 5).[8]

2.2 Der Status der Duldung

Personen, deren Asylantrag abgelehnt wurde, die aber aus „tatsächlichen oder rechtlichen Gründen“ (§60a Abs. 2 AufenthG) Deutschland nicht verlassen können und keine Aufenthaltserlaubnis aus humanitären Gründen erteilt bekommen, erhalten eine Duldung nach §60a des Aufenthaltsgesetzes (AufenthG). Auch Personen, die beispielsweise nach Ablauf eines Visums in Deutschland bleiben oder ohne Visum einreisen und keinen Asylantrag stellen, erhalten eine Duldung, wenn aufgrund von tatsächlichen oder rechtlichen Gründen der Ausreisepflicht nicht nachgekommen werden kann. Eine Duldung als „vorübergehende Aussetzung der Abschiebung“ ist kein Aufenthaltstitel und begründet damit keinen rechtmäßigen Aufenthalt in der Bundesrepublik Deutschland. Derzeit leben circa 94 000 Menschen mit Duldung in Deutschland (vgl. Statistisches Bundesamt 2015); 35% davon schon über sechs Jahre (vgl. Wendel 2014b: 6).[9] In Baden-Württemberg sind es nach Angaben des Flüchtlingsrates Baden-Württemberg über 10 000, wovon circa 4 000 schon seit über sechs Jahren in Deutschland sind (vgl. Linder 2014c: 18).

---

8 Zur Konstituierung einer sozialen Gruppe von Flüchtlingen und dessen Auswirkungen auf die Lebenswirklichkeit der Personen siehe Hemmerling/Schwarz (2004). –Bei der Verwendung des Begriffes in dieser Arbeit wurden Überlegungen wie diese miteinbezogen und berücksichtigt. Durch den Fokus auf individuelle Geschichten und die Handlungsfähigkeit der befragten Personen wird jedoch versucht, trotz der Verwendung des Begriffes, die Personen nicht auf ihre Flüchtlingseigenschaft zu reduzieren.

9 Stand vom 31.12.2013. 110 000 Personen sind im Besitz einer Aufenthaltsgestattung, da ihr Asylverfahren noch nicht abgeschlossen ist. Weitere 186 000 Personen besitzen weder eine Duldung, eine Aufenthaltsgestattung noch einen anderen Aufenthaltstitel, sind jedoch behördlich registriert (vgl. Statistisches Bundesamt 2015).

2.2.1 Aufenthaltsrechtliche Situation

Nach geltendem Recht kann man unterschiedliche Formen der Duldung unterscheiden: die *Anspruchsduldung* wird erteilt, wenn die ausreisepflichtige Person aus tatsächlichen oder rechtlichen Gründen ihrer Ausreisepflicht nicht nachkommen kann (§60a Abs.2 Satz 1 AufenthG). Rechtliche Abschiebungshindernisse sind unter anderem der Schutz von Ehe und Familie, die kurz bevorstehende Heirat mit einer aufenthaltsrechtlich abgesicherten Person, einer Schwangerschaft oder gesetzliche Abschiebungsverbote gemäß §60 Abs. 1 bis 7 (die jedoch in diesem Falle nicht zum Erhalt einer Aufenthaltserlaubnis geführt haben). Tatsächliche Abschiebungshindernisse sind Reiseunfähigkeit bei Krankheit, Passlosigkeit oder Fehlen sonstiger Papiere, unterbrochene Verkehrswege in das Land, in welches abgeschoben werden soll oder fehlende Transportmöglichkeiten sowie ein Herkunftsstaat, der die Aufnahme der Person verweigert (vgl. Weiser 2014: 72). Die *Ermessensduldung* nach §60 Abs. 2 Satz 3 wird erteilt, wenn oben dargestellte tatsächliche oder rechtliche Abschiebungshindernisse nicht vorliegen bzw. nicht ausreichend sind, ein vorübergehender Aufenthalt aber aus „dringende[n] humanitäre[n] oder persönliche[n] Gründe[n] oder erhebliche[n] öffentliche[n] Interessen“ (§60 Abs. 2 Satz 3) geboten ist. Gründe hierfür sind beispielswiese die Beendigung eines Schuljahres oder einer Ausbildung, die vorübergehende Pflege eines nahen Verwandten oder die Durchführung einer Operation, die im Herkunftsland nicht möglich ist (vgl. Weiser 2014: 72). Eine Person erhält eine *Zeugenduldung*, „wenn seine vorübergehende Anwesenheit im Bundesgebiet für ein Strafverfahren wegen eines Verbrechens von der Staatsanwaltschaft oder dem Strafgericht für sachgerecht erachtet wird, weil ohne seine Angaben die Erforschung des Sachverhalts erschwert wäre“ (§60a Abs. 2 Satz 2 AufenthG). Zusätzlich kann eine Duldung wegen eines formalen Abschiebungsstopps durch die Länderinnenminister erteilt werden. Dies geschieht vor allem in Kriegs-und Krisensituationen, in denen eine Anordnung über eine Aussetzung einer Abschiebung für längstens sechs Monate aufgrund von völkerrechtlichen oder humanitären Gründen oder zur Wahrung politischer Interessen der Bundesrepublik Deutschland vorgenommen wird (§60a Abs.1 AufenthG). Ein weiterer Duldungsgrund kann die Tatsache sein, dass sich ein enges Familienmitglied noch im Asylverfahren befindet und der Ausgang des Verfahrens abgewartet werden muss (vgl. Hügel 2010: 3).

Eine Duldung wird meist für einen, drei oder sechs Monate ausgestellt. Mit dem Zuwanderungsgesetz, das 2005 in Kraft trat, sollte nach 18 Monaten Duldung geprüft werden, ob eine Aufenthaltserlaubnis erteilt werden kann. Tatsächlich geschieht diese Prüfung jedoch selten, was für viele Personen jahrelange Verlängerungen der Duldung, sogenannte Kettenduldungen, bedeutet (vgl. Hügel 2010:

10).[10] Mit einer Ausreise des Betroffenen erlischt die Aussetzung der Abschiebung automatisch. Ebenso wird die Duldung widerrufen, wenn das Abschiebehindernis entfällt. Daraufhin kann die Abschiebung ohne erneute Abschiebungsandrohung oder Fristankündigung vollzogen werden. Besitzt die Person seit über einem Jahr eine Duldung, muss die Abschiebung einen Monat vorher angekündigt werden (§60a Abs. 5 AufenthG).[11]

Ist eine Person vollziehbar ausreisepflichtig, kann über einen Antrag bei der Härtefallkommission versucht werden, eine Aufenthaltserlaubnis zu erhalten. Die Härtefallkommission ist ein in den Ländern institutionalisiertes Gremium von zehn Personen, das nach Prüfung auf Vorliegen von humanitären oder persönlichen Gründen ein Härtefallersuchen an das Innenministerium richten kann. Dieses entscheidet, ob dem Ersuchen entsprochen wird und ordnet gegebenenfalls gegenüber der Ausländerbehörde an, dem Betroffenen eine Aufenthaltserlaubnis zu erteilen (vgl. Ministerium für Integration Baden-Württemberg 2013).

Eine Abschiebung hat eine Wiedereinreisesperre zur Folge. Diese entfällt bei einer „freiwilligen"[12] Ausreise der Betroffenen. Bei einer eigenständigen Ausreise vor Ablauf der Frist haben die Personen Anspruch auf den Geldbetrag des Rückfluges, welches die *International Organization of Migration* bereitstellt. Zudem gibt es für alle Rückkehrer Reisebeihilfen aus dem Förderprogramm *REAG* (Reintegration and Emigration Programme for Asylum Seekers in Germany). Für manche Herkunftsländer kann man zusätzlich bestimmte Starthilfe aus dem Förderprogramm *GARP* (Government Assisted Repatriation Programme) bekommen (vgl. Weiser 2014: 85). Für kosovarische RückkehrerInnen gibt es das Rückkehrerprojekt *URA 2*, welches Personen, die in den Kosovo zurückkehren, vor Ort die Reintegration mit diversen Unterstützungs- und Beratungsleistungen erleichtern will (BAMF 2014d).[13]

---

10 Unter 2.2.3 wird näher auf Regelungen des Zuwanderungsgesetzes und anderen rechtlichen Bestimmungen hinsichtlich des Bleiberechtes eingegangen.

11 Nach Angaben der Bundesregierung wurden im Jahr 2013 insgesamt 7 289 Abschiebungen auf dem Luftweg, 2 908 auf dem Landweg und eine auf dem Seeweg vollzogen (vgl. Die Bundesregierung 2014a: 1ff.).

12 Im Anschreiben an ausreisepflichtige Personen verweist das BAMF auf eine „freiwillige" Ausreise (vgl. Dünnwald 2009: 24). Dies wird hier bewusst in Anführungszeichen gesetzt, da eine Entscheidung zur Ausreise, die unter einer Abschiebungsandrohung erfolgt, nicht als freiwillig betrachtet werden kann.

13 Zur tatsächlich Umsetzung und Wirkung des Programmes bzw. der Situation von abgeschobenen Personen in den Kosovo gibt der Bericht von Stephan Dünnwald erkenntnisreichen Aufschluss (vgl. Dünnwald 2009). Dort werden erhebliche Mängel an Rückkehrprogrammen, respektive der Reintegrationshilfe URA 2, die sich vorrangig an Personen, die „freiwillig" ausreisten und nicht an diejenigen, die abgeschoben worden sind, richtet. Zudem sind die Unterstützungsmaßnahmen auf einen sehr kurzen Zeitraum, nicht länger als 5 Monaten, anberaumt, was neben einer unzureichenden Höhe der finanziellen Leistungen und weiteren Unzulänglichkeiten wie beispielsweise fragwürdige Qualifikationen und Rekrutierungsmaßnahmen von Mitarbeitern vor Ort und

Ist eine Abschiebung nicht mehr abzuwenden, ist das Kirchenasyl eine vorübergehende Möglichkeit, um einer Abschiebung vorläufig zu entgehen. Die Behörden respektieren normalerweise den gewährten Schutz der Personen, solange sich diese in kirchlichen Räumen aufhalten (vgl. Weiser 2014: 85). Um einer drohenden Abschiebung zu entgehen, tauchen ebenso einige der Personen unter und halten sich vor den Behörden versteckt.[14] Ein Leben in der rechtlichen Illegalität bringt schwerwiegende Konsequenzen für die Betroffenen bezüglich jeglicher Inanspruchnahme von sozialen Leistungen und medizinischer Versorgung mit sich, ganz zu schweigen von der dauerhaften Angst, entdeckt zu werden sowie dem Fehlen jeglicher Sicherheit und Zukunftsperspektive (vgl. Alt 2003).

Besteht laut Gesetz der begründete Verdacht, dass die ausreisepflichtige Person sich der Abschiebung entziehen will oder sich die Person bereits einer Abschiebung entzogen hat, kann es zu einer Inhaftierung kommen (vgl. §62 AufenthG zur Abschiebungshaft). Die Abschiebungshaft als Sicherungshaft soll dabei lediglich zur Sicherung der Abschiebung dienen. Voraussetzung für eine rechtmäßige Inhaftierung ist die Perspektive, dass die Abschiebung in drei Monaten durchgeführt werden kann. Dies ist jedoch oft sehr schwierig vorherzusehen, da beispielsweise Papiere aus dem Herkunftsland benötigt werden, wobei die Dauer der Beschaffung schwierig zu bestimmen ist. Eine Verlängerung der Haft die über einen Zeitraum von sechs Monaten hinausgeht ist laut Gesetz nur möglich, wenn die betroffene Person die Abschiebung behindert. Dies birgt jedoch Unklarheiten, da beispielsweise eine nicht nachzuweisende Identität aufgrund fehlender Papiere als Behinderung ausgelegt werden kann. Die maximale Länge der Abschiebungshaft darf 1,5 Jahre nicht überschreiten (vgl. Pelzer/Sextro 2013: 5f.). Die Tatsache, dass Personen, die aus ihrem Herkunftsland geflüchtet sind, in Deutschland in Gefängniszellen untergebracht sind, wird von vielen Seiten massiv als unverhältnismäßige Form der Freiheitsentziehung und damit als schwerer Eingriff in die Menschenrechte und in das Grundrecht auf Freiheit, kritisiert (vgl. ebd.).[15]

---

damit verbundene Qualitätsstandards von (Beratungs-) angeboten (vgl. ebd.: 24ff.), an der Wirksamkeit des Programmes erhebliche Zweifel aufkommen lässt.

14 Die Zahl der Menschen, die in der aufenthaltsrechtlichen Illegalität leben, ist schwer zu erfassen. Schätzungen gehen von einer Anzahl zwischen 100 000 bis 400 000 im Jahr 2010 aus (vgl. Clandestino: Database on Irregular Migration 2012).

15 Die Abschiebungshaftzahlen sind in den letzten Jahren stark rückläufig, was unter anderem mit den erlassenen Altfall- und Härtefallregelungen sowie weiteren rechtlichen Veränderungen, erklärt werden kann (vgl. Pelzer/ Sextro 2013: 50, 55). Laut der Antwort der Bundesregierung auf die Großen Anfragen der Grünen und der Linken waren 2008 8 807 Personen inhaftiert; 2011 waren es noch 6 466 Personen. Dies bedeutet einen Rückgang von 25%. Hierbei sind jedoch große Unterschiede zwischen den Bundesländern und deren Praxis der Inhaftierung zu beachten (vgl. ebd.). Im November 2014 verabschiedete die Bundesregierung einen Gesetzesentwurf zur „Neubestimmung des Bleiberechts und der Aufenthaltsbeendigung", der Änderungen bzgl. In-

2.2.2 Lebensbedingungen von geduldeten Flüchtlingen

Der Erhalt einer Duldung impliziert nicht nur die Ablehnung des Asylgesuchs und damit wie oben dargestellt die ständige Angst vor einer Abschiebung, sondern bringt weitreichende Folgen für unterschiedliche Lebensbereiche der Personen mit sich. Im Folgenden werden zentrale Bereiche dargestellt, in denen die Betroffenen aufgrund ihres Aufenthaltsstatus einer gesonderten Behandlung ausgesetzt sind. Am Ende wird auf die psychosoziale Situation der Personen eingegangen, wobei alle zunächst genannten Punkte Einfluss auf diese haben.

2.2.2.1 Unterbringung

Asylsuchende sind „verpflichtet, bis zu sechs Wochen, längstens jedoch bis zu drei Monaten, in der für ihre Aufnahme zuständigen Aufnahmeeinrichtung zu wohnen" (vgl. §47 Abs. 1 AsylVfG). Unter Aufnahmeeinrichtungen sind die landeseigenen Erstaufnahmeeinrichtungen zu verstehen, in denen die Flüchtlinge nach ihrer Ankunft in Deutschland ihren Asylantrag stellen und ihre Anhörung beim BAMF haben. Die Zuteilung auf die Erstaufnahmeeinrichtungen in den jeweiligen Bundesländern erfolgt seit 2003 nach dem Königssteiner Schlüssel, der Bevölkerungszahl und Steuereinnahmen der Bundesländer berücksichtigt (vgl. Müller 2013: 18).[16] Die Erstaufnahmeeinrichtungen sind gekennzeichnet durch restriktive Lebensbedingungen: Vollverpflegung ohne die Möglichkeit zum eigenständigen Kochen, Eingangskontrollen, einer strengen Beschränkung des Aufenthaltsbereiches sowie Leben auf engstem Raum (vgl. Wendel 2014a: 9). Nach bis zu sechs Wochen bzw. maximal drei Monaten werden die Flüchtlinge dann auf die einzelnen Landkreise in „vorläufige Unterbringungen" (§ 2 Abs. 4 FlüAG) verteilt.[17] Diese Form der Unterbringung, die für den Fall gedacht ist, dass das Asylverfahren länger als die maximale Verweildauer in der Erstaufnahmeeinrichtung dauert, wird weitestgehend durch Bestimmungen der Bundesländer geregelt (vgl. Müller 2013: 12). Nach dem Asylverfahrensgesetz (AsylVfG) sollen „Ausländer, die einen

haftierungsgründe beinhaltet, welche von Kritikern als eine Verschärfung angesehen wird. Wendel (2014b) sieht die Gefahr einer „Inhaftierung so gut wie aller Asylsuchender im Dublin-Verfahren" (ebd.: 27) (vgl. 2.2.3).

16 Für das Jahr 2014 beträgt die Verteilungsquote für Baden-Württemberg 12,93% (vgl. BAMF 2014e).

17 Wie auch schon im ersten Fall gibt es bei der Zuweisungsentscheidung keine Anhörung oder Mitspracherecht der betroffenen Personen bezüglich ihres neuen Aufenthaltsortes. Zu beachten ist lediglich die Einheit der engen Familie (vgl. §50 Abs. 4 AsylVfG). Wendel (2014a) nennt Flüchtlinge in diesem Zusammenhang „Objekte der Verwaltung" (ebd.: 9), weshalb die hier getroffene Wortwahl der „Verteilung" passend erscheint.

Asylantrag gestellt haben und nicht mehr verpflichtet sind, in einer Aufnahmeeinrichtung zu wohnen (…) in der Regel in Gemeinschaftsunterkünften untergebracht werden" (§53 Abs. 1 AsylVfG). Somit ist es laut Gesetz ebenso möglich, Asylsuchende in privaten Wohnungen unterzubringen. Faktisch leiten viele Bundesländer jedoch aus dieser Regelung die Verpflichtung, Flüchtlinge in Gemeinschaftsunterkünften unterzubringen oder zumindest welche bereitzuhalten, die sogenannte „Vorhaltepflicht" (Wendel 2014a: 11), ab. In den wenigsten Bundesländern werden Personen, deren Asylverfahren noch nicht abgeschlossen ist, in privaten Wohnungen untergebracht (vgl. ebd.: 61). In Baden-Württemberg regelt das Flüchtlingsaufnahmegesetz die Aufnahme von Flüchtlingen und die Erstattung von Leistungen. 2013 verabschiedete der Landtag Baden-Württemberg ein neues Flüchtlingsaufnahmegesetz, welches im Januar 2014 in Kraft trat. Auch hier findet sich, erstmalig, der Verweis, dass Personen nicht nur in Gemeinschaftsunterkünften, sondern auch dezentral untergebracht werden können. Dies gilt vorrangig für besonders Schutzbedürftige wie beispielsweise unbegleitete Minderjährige (vgl. §8 Abs. 1 FlüAG).[18] Das Gesetz sieht bei der vorläufigen Unterbringung jedoch nur ein öffentlich-rechtliches Nutzungsverhältnis vor, was verhindert, auf dem privaten Wohnungsmarkt Wohnungen für Flüchtlinge zu finden (vgl. Duchrow 2014: 7). Tatsächlich bildet Baden-Württemberg in Bezug auf die Unterbringung von Flüchtlingen in Wohnungen mit einer Wohnungsquote[19] von 33,5% im Jahr 2013 bundesweit noch immer das Schlusslicht (vgl. Wendel 2014a: 71). Wendel (2014a) spricht von einer institutionalisierten „Lagerstruktur" (ebd.: 7), welche ein Umsteuern erschwert und verlangsamt. So lebten Ende 2013 von den 22 518 EmpfängerInnen von Asylbewerberleistungen 14 977 in Gemeinschaftsunterkünften und nur 7 539 in einer dezentralen Unterbringung bzw. einer Wohnung (vgl. Statistisches Bundesamt 2014). Deutschlandweit lässt sich 2013 eine Wohnungsquote von 55,5% feststellen. Neben der indiskutablen Feststellung von humaneren Zuständen in dezentraler Unterbringung, ist nach einer Modellberechnung der Stadt Heidelberg eine Unterbringung in kleineren Wohneinheiten und Wohnungen für die Kommunen kostengünstiger als die Unterbringung in Gemeinschaftsunterkünften (vgl. Flüchtlingsrat Baden-Württemberg 2012: 3).[20]

Nach einem abgeschlossenen Asylverfahren und der Anerkennung als Asylberechtigter, als Flüchtling nach der GFK oder der Anerkennung eines anderen Aufenthaltstitels bzw. nach spätestens 24 Monaten oder falls Wohnraum im Bezirk

18 Zur Feststellung besonderer Schutzbedürftigkeit siehe Müller (2013) Seite 23 sowie für eine Liste mit Gruppen besonders schutzbedürftiger Flüchtlinge Wendel (2014a) Seite 57.

19 Die Wohnungsquote stellt den Anteil der in Einzelwohnungen untergebrachten Flüchtlinge an der Gesamtzahl derer, die nicht mehr in Erstaufnahmeeinrichtungen wohnen, dar (vgl. Wendel 2014a: 71).

20 In Gemeinschaftsunterkünften wurde bei einer bisherigen Wohnfläche von ca. 4qm von 300 Euro pro Person ausgegangen (vgl. Flüchtlingsrat Baden-Württemberg 2013: 3).

vorhanden ist und der Lebensunterhalt gesichert ist, ist bereits früher, endet die Wohnpflicht in einer vorläufigen Unterbringung (vgl. §9 Abs. 1 FlüAG). Der Aufenthalt in einer Gemeinschaftsunterkunft kann laut Gesetz fortgesetzt werden, wenn die betreffende Person ausreisepflichtig ist und die Ausreise in absehbarer Zeit stattfinden wird (vgl. Wendel 2014a: 64). Nach der vorläufigen Unterbringung findet dann, gemäß des dreistufigen Verfahrens in Baden-Württemberg, eine Verteilung in eine „Anschlussunterbringung"[21] statt, welche in der Verantwortung der Kommunen liegt (vgl. ebd.: 16). Auch hier kann eine Unterbringung sowohl dezentral in Wohnungen als auch in Unterkünften erfolgen. In der Praxis erfolgt jedoch auch hier ein Großteil der Unterbringung in Gemeinschaftsunterkünften (vgl. ebd.: 70).[22] Wird der Asylantrag abgelehnt, die Abschiebung jedoch ausgesetzt, kann die Ausländerbehörde die Duldung mit einer Wohnsitzauflage versehen (vgl. §51 Abs. 6 AufenthG). Damit kann festgeschrieben werden, dass Personen im Besitz einer Duldung weiterhin in einer Gemeinschaftsunterkunft wohnen müssen.

Finden sich im baden-württembergischen Gesetz verbindliche Mindeststandards für die vorläufige Unterbringung,[23] werden solche im Zusammenhang mit der Anschlussunterbringung (als auch für die Unterbringung in Wohnungen) nicht erwähnt (vgl. Duchrow 2014: 7; Wendel 2014a: 37). Dies hat zur Folge, dass diese sich häufig in (noch) schlechterem Zustand als die vorläufigen Unterbringungen befinden (vgl. Duchrow 2014: 7). Oftmals findet jedoch auch nur ein Etagen- oder Gebäudewechsel auf dem Gelände der Unterkunft statt (vgl. Loeper/Linder 2011: 58). Auch wenn die vorgeschriebenen Mindeststandards für die vorläufige Unterbringung im neuen FlüAG eine erhebliche Verbesserung darstellen, weisen diese, zudem sehr vage gehaltenen, immer noch große Mängel auf (vgl. Duchrow 2014: 7; Wendel 2014a: 41). Zu erwähnen ist die Erhöhung der Mindestquadratmeterzahl von 4,5 auf 7 Quadratmeter, was 2016 in Kraft tritt (vgl. §8 Abs. 1 FlüAG). Dies ist ein Mindeststandard, der in anderen Bundesländern schon lange gilt (vgl.

---

21 In anderen Bundesländern mit ein- oder zweistufigen Verfahren werden jegliche Unterbringungen, in welche die Asylsuchenden nach ihrem Aufenthalt in der Erstaufnahmeeinrichtung kommen, Anschlussunterbringungen genannt (vgl. Wendel 2014a: 14ff.; Müller 2013: 13).

22 In der Arbeit wird sowohl der Begriff „Gemeinschaftsunterkünfte" als auch „Wohnheim" verwendet. Wendel (2014a) sieht in dem Begriff Gemeinschaftsunterkunft ein Euphemismus für Lager (vgl. ebd.: 7). Auch Linder und von Loeper (2011) sprechen von einer „Zwangsgemeinschaftsunterkunft" (ebd. 27). Trotz dieser kritischen Anmerkungen wird der Begriff im Rahmen dieser Arbeit vor allem bei der Darstellung von rechtlichen Bestimmungen verwendet, da er sowohl im AsylVfg als auch im FlüAG in Gebrauch ist. Die Befragten selbst sprechen von Wohnheimen, weshalb im Zusammenhang mit den konkreten Unterkünften, in welchen die Befragten wohnen, verstärkt der Begriff des Wohnheimes verwendet wird.

23 In anderen Bundesländern wie z.B. Nordrhein-Westfalen, Hessen oder Niedersachsen finden sich keinerlei verbindliche Mindeststandards. In Bayern und Sachsen sind die Mindeststandards als Empfehlungen formuliert (vgl. Wendel 2014a: 37ff.).

Wendel 2014a: 41f.). Zusätzlich gibt es Soll-Vorschriften zur Lage der vorübergehenden Unterkünfte, welche die Teilhabe am gesellschaftlichen Leben als auch die Nutzung öffentlicher Verkehrsmittel ermöglichen soll (vgl. ebd.: 41). In der tatsächlichen Umsetzung finden sich dabei jedoch starke Diskrepanzen. So werden unter anderem aufgrund der starken Zunahme der Flüchtlingszahlen einerseits alte Unterkünfte, die sich oftmals außerhalb von bebauten Ortschaften befinden, weiter genutzt, andererseits auf die Schnelle Unterkünfte geschaffen, welche nicht den im FlüAG gesetzten Standards entsprechen (vgl. Duchrow 2014: 6,8). Außerdem soll in der vorläufigen Unterbringung eine angemessene Flüchtlingssozialarbeit gewährleistet werden (vgl. §12 FlüAG). Dabei ist jedoch kein Betreuungsschlüssel angegeben. Die vom Land an die Landkreise einmalige gezahlte Pauschale von inzwischen 12 566 Euro pro Person (2014) bzw. 13 260 Euro (2015) beinhaltet 888, 38 Euro (2014) für die Sozialarbeit. In den Bundesländern, welche einen Betreuungsschlüssel angegeben haben, rangiert dieser zwischen 1:96 (Mecklenburg-Vorpommern) und 1:150 (Bayern). Um eine angemessene Betreuung und Beratung der Flüchtlinge zu gewährleisten, wäre allerdings ein Personalschlüssel von 1:80 für erwachsene Flüchtlinge und einen Schlüssel von 1:40 für besonders Schutzbedürftige zu empfehlen (vgl. Wendel 2014a: 78f.). Der Flüchtlingsrat Baden-Württemberg fordert einen Betreuungsschlüssel von 1:70 (vgl. Flüchtlingsrat Baden-Württemberg 2012b). Keine Mindeststandards gibt es dahingegen im neuen Gesetz bezüglich der Maximalanzahl von Personen in einem Raum, der Größe der Unterkunft und bezüglich abgeschlossenen Wohneinheiten (vgl. Wendel 2014a: 41ff.). Noch immer findet sich in keinem Bundesland ein Verbot von Wohncontainern (vgl. Wendel 2014a: 40.; Duchrow 2014: 7). Diese Form der Unterbringung, die anfangs oft als Übergangslösung betrachtet wird, hat sich an vielen Orten verstetigt (vgl. Wendel 2014a: 85).

Personen, die aus einer Gemeinschaftsunterkunft ausziehen dürfen und wollen, treffen auf erhebliche Schwierigkeiten bei der Suche nach geeignetem privatem Wohnraum. Vor allem fehlende finanzielle Mittel und eine noch immer vorzufindende Diskriminierung von MigrantInnen auf dem freien Wohnungsmarkt (vgl. Senatsverwaltung für Integration, Arbeit und Soziales 2010) führen dazu, dass viele Personen jahrelang in den Gemeinschaftsunterkünften ein Leben im „Provisorium“ (Dünnwald 2011: 8) führen. Bei Personen mit einer Duldung kommt erschwerend die Tatsache hinzu, dass sie theoretisch alle drei oder sechs Monate abgeschoben werden können. Diese fehlende Sicherheit ist für viele VermieterInnen ein Hinderungsgrund, Wohnungen an Personen mit einer Duldung zu vermieten.

Zahlreiche Veröffentlichungen haben sich mit der prekären Lebenssituation von Flüchtlingen, die in Gemeinschaftsunterkünften leben, beschäftigt (vgl. Täubig 2009; Lillig 2004; Landesflüchtlingsräte 2011). Als eines der zentralen Problembereiche ist das Fehlen jeglicher Privatsphäre und die räumliche Enge in den Unterkünften zu nennen (vgl. u.a. Wendel 2014a: 85; Landesflüchtlingsräte 2011). Sanitäre Anlagen[24] und Küchen werden mit anderen BewohnerInnen geteilt. Dies birgt oft hohes Konfliktpotential zwischen den BewohnerInnen unterschiedlicher Nationalitäten, deren Gewohnheiten und Praktiken nicht immer miteinander vereinbar sind. Aufgrund der hohen Fremdbestimmung können oft gewohnte familiäre oder gesellschaftliche Rollen nicht mehr praktiziert werden, was zu einer Verstärkung des durch die Flucht erlebten Identitäts- und Integritätsverlustes führen kann (vgl. Penteker 2004: 18f.). Eine Form der Fremdbestimmung stellt die bereits oben erwähnte Zuweisung an einen Ort sowie die Residenzpflicht für Personen im Asylverfahren und Personen mit einer Duldung, dar. Mit der Residenzpflicht, einer „europaweit einzigartigen" (Gudd 2011: 18) Regelung, ist der Aufenthalt von Personen mit einer Duldung räumlich auf das Bundesland, in welchem der Asylantrag gestellt wurde, beschränkt (vgl. §56 Abs. 3 AsylVfG). Während des Asylverfahrens dürfen sich die Personen lediglich in dem ihnen zugewiesenen Stadt- bzw. Landkreis frei bewegen. Mit dem im November 2014 in Kraft getretenen „Gesetz zur Einstufung weiterer Staaten als sichere Herkunftsstaaten und zur Erleichterung des Arbeitsmarktzugangs für Asylbewerber und geduldete Ausländer" hat die Residenzpflicht nach drei Monaten keine Gültigkeit mehr (vgl. Linder 2014b: 36).[25] Bislang hatte die Residenzpflicht neben der Einschränkung der persönlichen Bewegungsfreiheit der Flüchtlinge einen erkennbaren Sanktionscharakter, da Ausländerbehörden beispielsweise bei mangelnder Mitwirkung bezüglich der eigenen Ausreise den Aufenthaltsbereich der Betroffenen auf den Stadt- bzw. Landkreis einschränken können. Ebenso lag es im Ermessen der Ausländerbehörden bzw. der einzelnen SachbearbeiterInnen, Verlassenserlaubnisse auszustellen bzw. Gebühren dafür zu erheben.[26] Zusätzlich zur Residenzpflicht kann die Ausländerbehörde wie oben bereits erwähnt, die Duldung mit Auflagen wie z.B. der Wohnsitzauflage versehen (vgl. Wendel 2014a: 12). Dabei sind die betroffenen Personen verpflichtet, in einer bestimmten Gemeinde oder einer bestimmten Unterkunft zu wohnen. Diese Regelung wird im oben erwähnten Gesetz nicht berücksichtigt, ist jedoch für Personen hinsichtlich ihrer Freizügigkeit, vor allem auf dem Arbeitsmarkt, von erheblicher Bedeutung (vgl. Linder 2014b: 36).

---

24 Im neuen FlüAG findet sich eine Regelung zu nach Geschlechtern getrennten sanitären Anlagen (vgl. Wendel 2014a: 85).

25 Bei Straftaten oder einer bevorstehenden Aufenthaltsbeendigung kann die Residenzpflicht jedoch wieder angeordnet werden (vgl. Linder 2014b: 36).

26 Im Rahmen eines Projektes untersuchte der Flüchtlingsrat Baden-Württemberg die Residenzpflichtpraxis in Baden-Württemberg im Jahre 2010, wobei gravierende Unterschiede zwischen den einzelnen Ausländerbehörden festgestellt wurden (vgl. Gudd 2011).

Die Abgeschiedenheit vieler Flüchtlingsunterkünfte bzw. die Konzentration auf einem abgegrenzten Gelände bewirkt eine Isolation von der einheimischen Gesellschaft und behindert damit eine soziale Inklusion und Integration, was wiederum unter anderem als Voraussetzung für ein Bleiberecht gefordert wird (vgl. Scherenberg 2010: 12; Flüchtlingsrat Baden-Württemberg 2012: 8). Den dort lebenden Personen wird die Teilhabe am gesellschaftlichen Leben, alltägliche Dinge wie das Erledigen der Einkäufe sowie die Inanspruchnahme von Beratungs-und Betreuungsangeboten erschwert, da oft ein langer Weg mit öffentlichen Verkehrsmitteln bis zur nächsten (sozialen) Infrastruktur zurückgelegt werden muss (vgl. Flüchtlingsrat Baden-Württemberg 2012: 4ff.). Eine zentralisierte Unterbringung in Unterkünften leistet zudem fremdenfeindlichen Initiativen und Angriffen Vorschub (vgl. Duchrow 2014: 8; Hemmerling/Schwarz 2004: 6). Indem Flüchtlinge konzentriert an einem Ort untergebracht sind, werden sie überhaupt erst identifizierbar und sichtbar. Zum einen „verschwinden" sie nicht in Wohnhäusern und Wohnungen über die Stadt verteilt, sondern sind deutlich abgrenzbar vom Rest der lokalen Bevölkerung; zum anderen wird durch die Unterbringung in Sammel- bzw. Gemeinschaftsunterkünften die Aufnahme von Flüchtlingen leicht zum Problem definiert (vgl. Klamann-Senz 2011:31f.; Dünnwald 2011: 12). Neben rassistischen Angriffen und Protesten von offensichtlich rechtsextremer Gruppierungen, finden sich in den Medien immer wieder Berichte über Nachbarschaften, die sich mit offenen Protesten oder formiert als vermeintliche Bürgerinitiativen gegen den Bau einer Unterkunft für Flüchtlinge oder die Umfunktionierung eines bereits vorhandenen Gebäudes, wehren (Die Bundesregierung 2014b, von Drach, Markus Schulte 2014, 2014).

2.2.2.2 Soziale Sicherung

Personen, die im Besitz einer Duldung sind, fallen unter die Bestimmungen des Asylbewerberleistungsgesetzes (AsylbLG), welches die Leistungen von Personen, die keinen dauerhaften Aufenthaltsstatus in Deutschland und deshalb keinen Anspruch auf reguläre Sozialhilfe (SGB XII) haben, regelt. Verfügen die betroffenen Personen nicht über ausreichend Vermögen oder Einkommen zur Sicherung ihres Lebensunterhaltes, haben sie normalerweise[27] vier Jahre Anspruch auf die Leistungen nach §§ 3-7 AsylbLG.[28] Diese umfassen Grundleistungen zur Sicherung

27 Leistungen können nach §1a AsylbLG denjenigen Personen, denen unterstellt wird, sich nur aufgrund der Sozialleistungen in Deutschland aufzuhalten als auch denjenigen, die nach Einschätzung des BAMF an der Verhinderung ihrer Abschiebung (Mit-)schuld tragen, gekürzt werden.

28 Nach 4 Jahren Leistungsbezug erhalten die betroffenen Personen (analog der normalen Sozialhilfe nach SGB XII) Sozialleistungen nach §2 AsylbLG.

des physischen Existenzminimums sowie einen Geldbetrag, sogenanntes Taschengeld, zur Deckung von persönlichen Bedürfnissen. Erstere setzen sich aus Leistungen für Ernährung, Unterkunft, Kleidung, Gesundheits- und Körperpflege sowie Gebrauchs- und Verbrauchsgüter im Haushalt, zusammen (vgl. BAMF 2014a). Das Gesetz weist darauf hin, dass diese Leistungen vorrangig in Form von Sachleistungen erbracht werden sollen, lässt jedoch den Bundesländern einen gewissen Spielraum, indem die Regelung nur verpflichtend für die Zeit in der Erstaufnahmeeinrichtung ist (vgl. §3 Abs. 2 AsylbLG). Die Ausgabe von Essenspaketen, Hygieneprodukten sowie Kleidung war jedoch lange Zeit bundesweit zu finden. Aufgrund anhaltender Kritik gegen diese einschränkende Praxis, welche als einerseits unzureichend sowie entmündigend wahrgenommen wurde, sind die meisten Bundesländer in den letzten Jahren trotz des im Gesetz bestehenden Vorrangs von Sachleistungen zur Auszahlung von Geldbeträgen übergegangen (vgl. Linder 2014b: 37; Classen 2013: 8). In Baden-Württemberg findet sich erst im neuen Flüchtlingsaufnahmegesetz von 2014 der Wechsel von Sachleistungen bzw. Gutscheinen hin zu Bargeld (vgl. Duchrow 2014: 7). Nach Linder (2014b) findet dies derzeit erst in der Hälfte der baden-württembergischen Stadt- und Landkreise tatsächlich Anwendung. Dabei wird oft, neben der offensichtlichen Einschränkung der Selbstbestimmung der Flüchtlinge, bemängelt, dass die Sachleistungen nicht der eigentlich vorgesehenen Geldsumme entsprechen und dementsprechend nicht bedarfsdeckend sind (vgl. Münchner Flüchtlingsrat 2014). Abgesehen von der Bevormundung der Flüchtlinge durch die Behörden bzw. die asylrechtlichen Bestimmungen, ist die Ausgabe von Sachleistungen auch mit erheblich größerem Verwaltungsaufwand für die Kommunen verbunden (vgl. Evangelischer Oberkirchenrat Karlsruhe/Diakonisches Werk Baden 2013: 5). Der zusätzliche Geldbetrag dient zur Sicherung des soziokulturellen Existenzminimums und betrifft die Teilhabe am gesellschaftlichen, kulturellen und politischen Leben. Dabei soll der Betrag unter anderem Ausgaben im Bereich Verkehr, Freizeit, Unterhaltung und Kultur sowie Bildung abdecken (vgl. Classen 2013: 4). Bei der Berechnung der Leistungen nach dem AsylbLG gibt es eine Unterscheidung von sechs Regelbedarfsstufen. So erhielten beispielsweise 2014 Alleinstehende oder alleinerziehende Erwachsene insgesamt Leistungen von 362 Euro, wobei 222 Euro auf den ersten Posten zur Sicherung des physischen Existenzminimums (ohne Miete und Heizung) und 140 Euro auf den zusätzlichen Betrag entfallen.[29]

29 Das Bundesverfassungsgericht hat die Bundesregierung dazu verpflichtet, das AsylbLG entsprechend dem Urteil zu ändern. Dies geschah bis jetzt einzig durch die Änderung bezüglich der Sach- bzw. Geldleistungen im Gesetz vom November 2014 (vgl. Linder 2014b: 37). Deshalb gilt derzeit noch immer die Übergangsregelung des BVerfG, welche Berechnungen nach Regeln des Zweiten und Zwölften Buches des SGBs beinhaltet (vgl. Bundesverfassungsgericht 18.07.2012). Im September 2014 wurde ein Gesetzesentwurf zur Änderung des AsylbLG vorgelegt, welcher im November 2014 verabschiedet wurde und vermutlich ab März 2015 rechtskräftig wird. Innerhalb

Das Bundesverfassungsgericht (BVerfG) erklärte in einem Urteil vom Juli 2012 die gekürzten und seit 1993 trotz einer Preissteigerung von ca. 30% unveränderten Leistungen nach dem AsylbLG als verfassungswidrig und als „evident unzureichend“ (BVerfG 2012) um das „menschenwürdige Existenzminimum zu gewähren“ (ebd.). Die Leistungen lagen ca. 35% unter dem gesetzlich festgeschriebenen Existenzminimum in der Sozialhilfe, welches im Sozialgesetzbuch als erforderlich definiert wird, um Leistungsberechtigten ein Leben, welches der Würde des Menschen entspricht, zu ermöglichen. Das BVerfG stellte fest, dass Leistungen, die unter dem physischen und soziokulturellen Existenzminimum liegen, aus „migrationspolitischen Erwägungen“ (ebd.) zur Abschreckung bzw. Motivation der Flüchtlinge zur Weiterwanderung, nicht zu rechtfertigen sind und fügte dabei hinzu, dass „die Menschenwürde (…) migrationspolitisch nicht zu relativieren“ (ebd.) sei. Bisher wurden die Minderleistungen mit dem vorübergehenden Aufenthalt der Leistungsberechtigten begründet. Dagegen formulierte das BVerfG mehrere Einwände: ein kürzerer Aufenthalt rechtfertige keine geringeren Leistungen im Bereich der Deckung des physischen Existenzminimums, welches unabhängig von der Dauer des Aufenthaltes besteht. Auch im soziokulturellen Bereich deckt der Geldbetrag nur das Existenzminimum in Form von Nutzung von Verkehrs- und Kommunikationsmitteln und zu einem sehr geringen Anteil Freizeitaktivitäten ab. Dieser Bedarf besteht unabhängig von der Dauer des Aufenthaltes in der gleichen Höhe. Außerdem ist der Aufenthalt der meisten Leistungsberechtigten, zum großen Teil geduldete Flüchtlinge, nicht vorübergehend, sondern beträgt wie bereits aufgeführt oftmals über sechs Jahre (vgl. ebd.).[30]

Das Asylbewerberleistungsgesetz regelt auch die Krankenversorgung der Flüchtlinge. Gemäß §4 AsylbLG muss bei allen akuten und bzw. oder mit Schmerzen verbundenen Erkrankungen medizinische Versorgung und (zahn-)ärztliche Hilfe gewährleistet werden. Bei Schwangerschaft und Geburt erhalten Frauen alle auch für deutsche Staatsbürgerinnen üblichen Leistungen. Die Behandlung von chronischen Krankheiten ist nur vorgesehen, wenn diese akute Folgen mit sich bringt und fällt damit im Rahmen von „sonstigen Leistungen“ (§6 AsylbLG) in den Ermessenspielraum des Sozialamtes, welches Krankenscheine für den Arztbesuch ausstellen muss (vgl. §6 AsylbLG). Die derzeitige Gesetzeslage führt oftmals zur Nichtbehandlung bzw. unzureichender oder verspäteter Behandlung von schwerwiegenden chronischen Krankheiten wie beispielsweise Diabetes bzw. durch deren Nichtbehandlung zu weiteren Erkrankungen. Medibüros und Medi-

---

dieses Gesetzes wird sich der oben aufgeführte Betrag voraussichtlich um 10 Euro verringern (vgl. Flüchtlingsrat Baden-Württemberg 2014b).

30 Eine ausführliche Besprechung des Urteils vom 12.07.2102 des BVerfG findet sich bei Classen (2013).

netze, die sich als nicht-staatliche Akteure um den Zugang zu Gesundheitsleistungen für Menschen ohne gültige Aufenthaltspapiere sowie LeistungsempfängerInnen des AsylbLG kümmern, bemängeln unter anderem die Tatsache, dass medizinisch unqualifiziertes Personal die Behandlungsbedürftigkeit beurteilt, was ethisch nicht zu vertreten sei.[31] In vielen Fällen wird vom Sozialamt nicht ausreichend geprüft, ob die vom Betroffenen geforderte Leistung „zur Sicherung der Gesundheit unerlässlich“ (§6 Abs. 1 AsylbLG) ist (vgl. Classen 2011: 6). Probleme gibt es zudem oftmals bei der Gewährung von Hilfsmitteln wie Prothesen, Brillen oder Rollstühlen. Die Beantragung und Kostenübernahme von ambulanter Psychotherapie mit dazugehörigen Fahrt- und Dolmetscherkosten stellt sich ebenfalls oft als problematisch dar und wird nicht selten nur nach einer akut lebensbedrohlichen Situation (und dann meist in Form von stationärer Behandlung) gewährt (vgl. Classen 2011: 9ff.).[32] Pro Asyl, die Flüchtlingsräte, Wohlfahrtsverbände und medizinische Flüchtlingshilfen fordern aufgrund dieser Problemlagen die Abschaffung des AsylbLG und die Einbeziehung aller Leistungsberechtigten ins SGB II und SGB XII sowie in die gesetzlichen Pflichtkrankenversicherungen (vgl. PRO ASYL e.V. 2014a).[33]

2.2.2.3 Zugang zu Bildung

Personen mit einem gesicherten Aufenthaltsstatus haben das Recht bzw. die Pflicht, an einem Integrationskurs teilzunehmen (vgl. §44 AufenthG). Diese Regelung schließt Personen, deren Asylverfahren noch nicht abgeschlossen ist, sowie Personen mit einer Duldung aus. Dieser Personenkreis muss finanziell selbstständig für die Gebühren von Deutschkursen aufkommen, was mit den Leistungen im Rahmen des AsylbLG kaum zu bewältigen ist. In vielen Kommunen bieten gemeinnützige Organisationen und Initiativen neben dem staatlichen Angebot kostenlose Sprachkurse für Flüchtlinge an. Nicht betroffen von dieser benachteiligenden Regelung sind schulpflichtige Kinder und Jugendliche, die im Rahmen von Vorbereitungsklassen bzw. regulären Schulen, Deutschkenntnisse erwerben. Personen, denen der Zugang zu Sprachkursen verwehrt bleibt, sind in vielen Lebensbereichen wie z.B. bei Gängen zum Amt oder Arztbesuchen, auf Andere angewiesen, womit eine selbstständige Lebensführung schwierig ist. Dies wiederum hat

31 Vgl. die Kampagne der Medibüros, Medinetze und medizinische Flüchtlingshilfen zur Abschaffung des AsylbLG: http://stopasylblg.de/, zuletzt geprüft am 14.11.2014.

32 Für einen Überblick zur Thematik der Finanzierung von ambulanter Psychotherapie für Flüchtlinge siehe Classen (2011).

33 Im neuen Gesetzentwurf vom November 2014 (vgl. 2.2.3) gibt es laut Pro Asyl keine Verbesserung der eingeschränkten Gesundheitsversorgung (vgl. PRO ASYL e.V. 2014a).

zusätzlich zu den bereits angesprochenen Einschränkungen Auswirkungen auf die Selbstbestimmtheit und die Selbstständigkeit der Personen (vgl. Flüchtlingsrat Baden-Württemberg 2012: 6). Welche Konsequenzen fehlende Sprachkenntnisse auf die Integration haben, zeigen unterschiedliche Studien. Esser (2006) bezeichnet Sprache als „Schlüssel zur Integration“ (ebd.:1). Im Prozess der individuellen sowie gesellschaftlichen Integration misst er Sprache eine zentrale Bedeutung bei. Dabei erfüllt Sprache mehrere Funktionen: „Sie ist sowohl Medium der alltäglichen Kommunikation als auch eine Ressource, insbesondere bei der Bildung und auf dem Arbeitsmarkt. Zudem können Sprachen und Sprachakzente als Symbole von Zusammengehörigkeit oder auch Fremdheit wirken und zu Abgrenzungen oder Diskriminierungen führen“ (ebd.). Haug (2008) gibt einen Überblick über die Beziehung von sprachlicher Integration mit weiteren integrationsrelevanten Dimensionen und führt dabei den belegten Zusammenhang zwischen Sprachkenntnissen und schulischer Leistung (auch bezüglich des Schulabschlusses von erwachsenen MigrantInnen) sowie positive Effekte von Sprachkenntnissen auf die Arbeitsmarktintegration, auf (vgl. ebd.: 9). Hinsichtlich der sozialen Integration, bei der Sprache eine zentrale Funktion übernimmt, treten „Rückwirkungsmechanismen“ (ebd.) auf, da Kontakte im sozialen Umfeld den ungesteuerten Spracherwerb und Zugang zur Alltagssprache ermöglichen.

Im neuen FlüAG findet sich eine Verpflichtung für Kommunen, Personen während der vorläufigen Unterbringung die kostenfreie Möglichkeit zum Erwerb von Grundkenntnissen der deutschen Sprache zu bieten (vgl. Duchrow 2014: 7). Dafür sieht das Land eine Pauschale von 91,36 Euro pro Flüchtling vor (vgl. ebd.). Berechnungen zeigen, dass diese Pauschale nur einen Teil dazu beitragen kann, Personen mit einem ungesicherten Aufenthaltsstatus Grundkenntnisse in Deutsch zu vermitteln. Um ein ausreichendes Angebot und damit einen Grundbaustein für den Spracherwerb zu legen, muss weiterhin hauptamtlicher Sprachunterricht mit ehrenamtlichen zusätzlichen Unterstützungsangeboten kombiniert werden (Evangelischer Oberkirchenrat Karlsruhe/Diakonisches Werk Baden 2013: 8).

Im Rahmen des vom Bundesministerium für Arbeit und Soziales (BMAS) getragenen XENOS-Sonderprogrammes „ESF-Bundesprogramm zur arbeitsmarktlichen Förderung von Bleibeberechtigten und Flüchtlingen mit nachrangigem Zugang zum Arbeitsmarkt“ haben Personen mit einer Duldung seit Mitte 2012 die Möglichkeit, an berufsbezogenen Sprachkursen teilzunehmen (vgl. BAMS 2014). Dazu müssen sie jedoch mindestens einen nachrangigen Zugang zum Arbeitsmarkt haben.[34]

34 Nach dem neuen Gesetz vom November 2014 ist Personen mit einer Duldung Arbeiten in den ersten drei Monate ihres Aufenthaltes verboten. Danach haben sie 15 Monate lang lediglich einen nachrangigen Zugang zum Arbeitsmarkt (vgl. 2.2.2.4).

In der EU- Richtlinie zur Festlegung von Mindestnormen für die Aufnahme von Asylbewerbern in den Mitgliedstaaten findet sich eine Verpflichtung der Mitgliedsstaaten, minderjährigen Kindern und Jugendlichen ohne gesicherten Aufenthaltsstatus den Zugang zum Bildungssystem zu gewähren (vgl. Richtlinie 2003/9/EG Art. 10 Abs. 1). Baden-Württemberg setzte die Bestimmungen fünf Jahre nach der Veröffentlichung der Richtlinie, 2008, als einer der letzten Bundesländer in Deutschland, um (vgl. Duchrow 2008: 1). Seitdem unterliegen Kinder und Jugendliche ungeachtet ihres Aufenthaltstitels der Schulpflicht. Zuvor galt in Baden-Württemberg nur das Schulantragsrecht, was für die Betroffenen erhebliche Nachteile mit sich brachte.[35] Diese Verbesserung löst jedoch nicht das Problem von jungen geduldeten Flüchtlingen, die, wenn sie nach Deutschland kommen, bereits über dem schulpflichtigen Alter von 16 Jahren sind und sich aufgrund dessen Schwierigkeiten für den regulären Schulbesuch ergeben.[36]

Aufenthaltsrechtlich gesehen ist Personen mit einer Duldung der Zugang zu Hochschulen gestattet. In Baden-Württemberg wurde Personen mit einer Duldung jedoch erst 2013 durch eine Änderung des Hochschulgesetzes der Zugang zum Studium gewährt (vgl. Flüchtlingsrat Baden-Württemberg 2012a). Dieses ist jedoch mit dem Hinweis versehen, dass ausländerrechtliche Bestimmungen den Zugang zum Studium weiterhin verbieten können (vgl. ebd.). Neben der Tatsache, dass viele Personen mit Duldung eingeschränkte Möglichkeiten für den Spracherwerb haben, sind vor allem Regelungen zur räumlichen Beschränkung (Residenzpflicht) und Wohnsitzauflagen, zeitliche Kollisionen mit der Wahrnehmung von Arbeitsgelegenheiten[37] sowie eingeschränkte finanzielle Möglichkeiten hinderliche Gründe für die Aufnahme eines Studiums.

---

35 So gab es beispielsweise kein offizielles Informationsverfahren, sodass viele Flüchtlinge nur durch Zufall oder dem Engagement Einzelner von der Möglichkeit und den Bestimmungen des Schulantragrechtes erfuhren. Bei Kapazitätsproblemen seitens der Schule oder auffälligem, störendem Verhalten der Kinder konnten diese leichter von der Schule verwiesen werden. Nach Ablauf der Vollzeitschulpflicht wurde vielen Kindern mit Schulrecht der Zugang zu weiterführenden Schulen verwehrt (vgl. Flüchtlingsrat Baden-Württemberg 2008: 1).

36 In einigen Städten wird diesem Problem mit zusätzlichen Schulen, wie beispielsweise der SchlaU-Schule in München versucht entgegenzuwirken (vgl. SchlaU-Schule: http://www.schlau-schule.de/, zuletzt geprüft am 17.11.2014).

37 Nach §5 AsylbLG können LeistungsempfängerInnen zu „Arbeitsgelegenheiten" verpflichtet werden. Diese betreffen vor allem die Instandhaltung der Unterkunft und werden mit 1,05 Euro pro Stunde vergütet.

2.2.2.4 Zugang zum Arbeitsmarkt

Bis November 2014 war Personen mit einer Duldung die Aufnahme einer Arbeit in den ersten zwölf Monaten nach Erhalt der Duldung nicht erlaubt. Im „Gesetz zur Einstufung weiterer Staaten als sichere Herkunftsstaaten und zur Erleichterung des Arbeitsmarktzugangs für Asylbewerber und geduldete Ausländer“ vom November 2014 findet sich eine Verkürzung der Wartefrist von zwölf Monaten auf drei Monate (sowohl für Personen im Besitz einer Duldung als auch einer Aufenthaltsgestattung).[38] Es sieht zudem eine Verringerung der Zeit des nachrangigen Zugangs zum Arbeitsmarkt vom 48 auf 15 Monaten vor (vgl. Linder 2014b: 36).[39] Diese erleichternden Regelungen sind zunächst zeitlich befristet bis auf drei Jahre nach Inkrafttreten des Gesetzes.[40] Über einer Verlängerung wird dann vor dem Hintergrund der aktuellen Lage auf dem Arbeitsmarkt entschieden (vgl. ebd.). Nicht berührt oder geändert wurde die Möglichkeit der Ausländerbehörden zur Erteilung eines „ausländerrechtlichen Arbeitsverbotes.“ Dabei können zwei Gründe zum Arbeitsverbot für geduldete Flüchtlinge führen: die Unterstellung, die Flüchtlinge seien lediglich nach Deutschland gekommen, um Sozialleistungen zu beziehen sowie die Verhinderung der Abschiebung durch die betroffene Person.

38 Die Wartefrist gilt für Beschäftigungen und Berufsausbildungen, welche zur Erteilung einer Arbeitserlaubnis die Zustimmung der Agentur für Arbeit bedürfen. Davon ausgenommen sind beispielsweise die Aufnahme eines Freiwilligen Sozialen Jahres oder in bestimmten Fällen Praktika (vgl. Flüchtlingsrat Baden-Württemberg 2014a: 1).

39 Im Rahmen eines nachrangigen Arbeitsmarktzuganges bzw. dem Vorrangprinzip wird den geduldeten Flüchtlingen von der Ausländerbehörde nur eine Arbeitserlaubnis erteilt, wenn für den Arbeitsplatz keine bevorrechtigten ArbeitnehmerInnen (wie z.B. deutsche StaatsbürgerInnen, EU-BürgerInnen oder anerkannte Flüchtlinge) zur Verfügung stehen (vgl. Lukas 2011: 42). Zusätzlich findet eine „Arbeitsmarktprüfung“ statt, bei der sichergestellt werden soll, dass die Personen nicht zu schlechteren Arbeitsbedingungen als deutsche ArbeitnehmerInnen eingestellt werden. – Deutschland ist das einzige EU-Land in welchem es überhaupt eine Nachrangregelung für Flüchtlinge auf dem Arbeitsmarkt gibt (vgl. Linder 2014b: 36).

40 Diese Regelungen, die für manche der in Deutschland lebenden geduldeten Flüchtlinge den Zugang zum Arbeitsmarkt erleichtern, haben einen „hohen Preis“ für andere Personen: so wurden im Rahmen des „Asylkompromisses“ Serbien, Mazedonien und Bosnien-Herzegowina zu sicheren Herkunftsstaaten erklärt. Dies birgt folgenreiche Konsequenzen für Asylsuchende aus diesen Ländern, deren Chancen auf Asyl in Deutschland damit weiter verringert werden und als Folge vermehrt Abschiebungen vorgenommen werden (vgl. Linder 2014b). Die Erklärung der Länder zu sicheren Herkunftsstaaten und damit dem „Weg in die Perspektivlosigkeit“ (Linder 2014b: 39) vieler Personen hat eine Welle an Kritik und Protesten ausgelöst. Aufgrund von Platzgründen und da keiner der befragten Personen aus einem dieser Länder kommt, wird auf diesen wichtigen und weitreichenden Aspekt der Regelung für die jeweiligen Betroffenen lediglich in dieser Fußnote eingegangen. Zu einem Überblick über Folgen dieser Erklärung vgl. Linder (2014b).

Zweiter Fall betrifft beispielsweise die Weigerung, notwendige Papiere zu beschaffen oder die Angabe einer falschen Identität.[41] Von dieser Praxis sind viele Personen betroffen, die aufgrund dessen oft jahrelang in einer Perspektivlosigkeit und der Abhängigkeit von staatlichen Transferleistungen verharren (vgl. Linder 2014b: 37).

Nach Ablauf des dreimonatigen Arbeitsverbotes müssen die geduldeten Flüchtlinge, nachdem sie eine Arbeitsstelle gefunden haben, die Zustimmung in Form einer Arbeitserlaubnis, bei der Agentur für Arbeit einholen. Trotz der verkürzten Zeit der Vorrangsprüfung muss in den ersten 48 Monaten weiterhin eine Zustimmung der Bundesagentur für Arbeit, welche eine Prüfung der Beschäftigungsbedingungen vornimmt, eingeholt werden (Flüchtlingsrat Baden-Württemberg 2014a). Erst nach vier Jahren Aufenthalt in Deutschland können geduldete Flüchtlinge ohne die Zustimmung der Bundesagentur für Arbeit eine Arbeit aufnehmen. Mit einer Duldung einen Arbeitsplatz zu erhalten, gestaltet sich aufgrund dieses verlangsamenden Prozedere (bei dem nicht selten geduldete Flüchtlinge Arbeitsplätze akquirieren, welche sie nicht selbst besetzen dürfen [vgl. Boettcher/Weber 2014: 24; Walbrecht 2010: 10]), vor allem aber aufgrund der fehlenden Sicherheit, oftmals schwierig und ist für viele Personen sehr demotivierend (vgl. Boettcher/Weber 2014: 24). Viele ArbeitgeberInnen vermeiden die Einstellung einer Person, die vielleicht in drei oder sechs Monaten das Land verlassen muss. Da dies jedoch für manche Personen jahrelanger Dauerzustand ist, erweist sich die Integration in den normalen Arbeitsmarkt oft als problematisch (vgl. Boettcher/Weber 2014: 24). Zu den Beschränkungen auf dem Arbeitsmarkt kommen häufig erschwerend bereits erwähnte Wohnsitzauflagen und die Residenzpflicht dazu, welche die nötige Flexibilität und Mobilität auf der Suche nach einer Arbeitsstelle verhindern. Viele der Gemeinschaftsunterkünfte finden sich außerhalb des Einzugsgebietes einer Stadt, weshalb der Weg zur Arbeit mühsam und kostenintensiv werden kann (vgl. Walbrecht 2010: 12; Lukas 2011: 43). Eine weitere Problematik ist die Nicht-Anerkennung von formalen Bildungs- oder Schulabschlüssen, welche die Personen in ihren Herkunftsländern erworben haben (vgl. Celebi-Bektas 2010: 21).[42] Lukas (2011) zitiert eine Studie im Auftrag des BMAS, welche mangelnde Sprachkenntnisse und fehlende Anerkennung von Abschlüssen als Hauptgründe für den Verbleib im Leistungsbezug identifizieren. Weitere Ursachen sieht die Studie in der „Entwertung des Humankapitals mit zunehmender Dauer der Arbeitslosigkeit, Demotivation mit zunehmender Arbeitslosigkeit und

41 In §15 Abs. 2 AsylVfG findet sich eine Auflistung der „allgemeinen Mitwirkungspflichten" für Personen im Asylverfahren und im Besitz einer Duldung.

42 Mit dem 2012 eingeführten Anerkennungsgesetz besteht zumindest die Möglichkeit bzw. der Rechtsanspruch auf Überprüfung der Gleichwertigkeit eines ausländischen Berufsabschlusses mit dem deutschen Referenzberuf (vgl. BMBF 2014).

somit abnehmende Suchintensität, fortgeschrittenes Alter sowie gesundheitliche Einschränkungen“ (ebd.: 39). Finden Personen mit einer Duldung eine Arbeitsstelle, lässt sich diese überdurchschnittlich oft im Niedriglohnsektor lokalisieren (vgl. ebd.: 39, 60). Für geduldete Flüchtlinge ist Lukas (2011) zufolge der „Niedriglohnsektor auf Grund ihres niedrigen Reservationslohnes[43] in Verbindung mit ihrer geringeren sozialen Absicherung die wichtigste Möglichkeit zur Aufnahme einer Beschäftigung und somit zur Erlangung eines dauerhaften Aufenthalts in Deutschland“ (ebd.: 60).

Das bereits oben zitierte vom BMAS und Europäischen Sozialfonds finanzierte „ESF-Bundesprogramm zur arbeitsmarktlichen Unterstützung für Bleibeberechtigte und Flüchtlinge mit Zugang zum Arbeitsmarkt“ soll in zwei Förderrunden (2008-2013) geduldeten Flüchtlingen Chancen auf dem Arbeitsmarkt ermöglichen und sie bei der Integration auf dem Arbeitsmarkt unterstützen.[44] Dies ist vor allem vor dem Hintergrund der Bleiberechtsregelungen zu sehen, die geduldeten Personen ein Bleiberecht ermöglicht, wenn diese eine Erwerbstätigkeit vorweisen können (vgl. 2.2.3). Dabei fördert das Projekt regionale Projektnetzwerke, welche eine breite Palette an Fördermaßnahmen und Unterstützungsangeboten wie Sprachkurse, Qualifizierungsmaßnahmen, Beratung und Begleitung, anbieten. Zusätzlich kooperieren sie mit Arbeitsagenturen, Jobcentern und ArbeitgeberInnen, um den Flüchtlingen die ihnen oft fehlenden Netzwerke zur Verfügung zu stellen. Laut dem Abschlussbericht der ersten Projektrunde wurden in dieser Zeit (2008 – 2010) insgesamt 11 400 Teilnehmende erreicht, d.h. betreut und unterstützt (vgl. Mirbach/Schobert 2011: 24). Davon waren rund 3 000 geduldete Flüchtlinge, was einen Anteil von 27,8% darstellt (vgl. ebd.: 25).[45] Insgesamt konnten 54% in eine Arbeit oder Ausbildung vermittelt werden, was in der abschließenden Evaluation als „erfolgreiche Programmumsetzung“ (ebd.: 64) angesehen wird.

Mit dem Gesetz zur „Einstufung weiterer Staaten als sichere Herkunftsstaaten und zur Erleichterung des Arbeitsmarktzugangs für Asylbewerber und geduldete Ausländer“ haben Personen die im Besitz einer Duldung sind wie bei der Auf-

---

43 Der Reservationslohn, auch Anspruchslohn genannt, ist der Lohn, bei dem ein Arbeitnehmer bereit ist, seine Arbeitskraft anzubieten. Dieser setzt sich zusammen aus Faktoren wie dem Lohn der letzten Beschäftigung oder den vorhandenen Qualifikationen. Die Ergebnisse der Studie zeigen, dass der Reservationslohn von Personen mit ausländischer Staatsangehörigkeit niedriger sind als von deutschen Staatsangehörigen, was unter anderem auf ein niedrigeres Lohnniveau in den Herkunftsländern zurückzuführen ist (vgl. Lukas 2011: ff.).

44 In der ersten Projektrunde (2008-2010) wurden bundesweit 43 lokale und regionale Beratungsnetzwerke mit einem Gesamtvolumen von 34 Mio. Euro gefördert. In der zweiten Projektrunde (2010 - 2013) werden nun 28 Projekt-Netzwerke mit rund 230 Einzelprojekten gefördert. Das Gesamtvolumen wurde auf 50 Mio. Euro erhöht (vgl. Bleiberecht in Baden-Württemberg 2012).

45 Ähnliche Zahlen finden sich in der Zwischenbilanz der zweiten Förderrunde (vgl. Mirbach et al. 2013)

nahme einer Arbeit nun bereits nach drei Monaten die Möglichkeit, eine Berufsausbildung zu beginnen. Nach vierjährigem Aufenthalt haben geduldete Flüchtlinge die Möglichkeit, Berufsausbildungsbeihilfen bzw. Leistungen nach dem Bundesausbildungsförderungsgesetz (BAföG) zu erhalten. In der Praxis lässt sich oft beobachten, dass Jugendliche ein Arbeitsverbot aufgrund von Fehlverhalten bzw. fehlender Mitwirkung an der Abschiebung, das ihren Eltern zugerechnet wird, erhalten und deshalb keine Ausbildung anfangen können (vgl. Heide 2012: 1f.). Auch die geringen finanziellen Mittel und die späte Möglichkeit einer Ausbildungsförderung halten viele der Betroffenen davon ab, eine Ausbildung aufzunehmen (vgl. ebd.).

2.2.2.5 Psychosoziale Situation

Personen, die aus ihrem Heimatland geflüchtet sind, haben beängstigende, oft traumatisierende Erlebnisse vor Ort und auf der Flucht erlebt. So schreibt Fritz (2004): „Sie alle haben Geschichten mitgebracht, die in ihnen leben, toben, wüten, die sie Tag und Nacht beschäftigen (…)“ (ebd.: 77). Experten zufolge sind bis zu 70% der Flüchtlinge traumatisiert (vgl. Penteker 2004: 18). Dabei wird Trauma als ein Vorgang beschrieben, „bei dem es durch ein oder mehrere von außen einwirkende Ereignisse zu einem Zusammenbruch der persönlichen Integrität kommt. Dabei ist das Ereignis stärker als die psychischen Schutz- oder Bewältigungsmechanismen“ (ebd.). Wie das Trauma verarbeitet wird, hängt entscheidend von den (Lebens-)Bedingungen nach den traumatischen Erlebnissen ab. Nicht alle betroffenen Personen brauchen eine psychotherapeutische Behandlung. Alle aber brauchen „Sicherheit, ein geschütztes soziales Umfeld [und] die Möglichkeit, ihr Leben selbst in die Hand zu nehmen“ (ebd.). Wie durch die vorangegangene Beschreibung der einzelnen Lebensbereiche ersichtlich wurde, sind dies Faktoren, die geduldeten Flüchtlingen oft fehlen. Institutionelle Ausgrenzungs- und Diskriminierungserfahrungen, die Betroffene häufig als strukturelle Gewalt erfahren sowie die prekären Lebensbedingungen erschweren demzufolge die Verarbeitung der traumatischen Ereignisse, was zu physischen und psychischen (Folge-) Erkrankungen wie beispielsweise einer posttraumatischen Belastungsstörung führen kann (vgl. Emminghaus 2008: 37). Zugleich produzieren die vorgefundenen Bedingungen neue Problemlagen. Balluseck (2003) spricht dabei in bestimmten Fällen von einer „sekundären Traumatisierung“ (ebd.: 17) durch Ausgrenzungs- und Ablehnungserfahrungen in der deutschen Gesellschaft und der ständigen Gefahr und Angst vor der Abschiebung, die den traumatischen Erfahrungen in ihren Herkunftsländern und auf der Flucht hinzugefügt wird (vgl. ebd.: 17, 81). Durch die behördliche Verwaltung produzierte neue bzw. zweite „Flüchtlingsexistenz“

(Hemmerling/Schwarz 2004: 9) werden die Personen immer wieder auf ihre Erlebnisse der Flucht und auf die Nichtzugehörigkeit zur deutschen Gesellschaft hingewiesen (vgl. ebd.). Damit umfassen Problemlagen der geduldeten Flüchtlinge die Vergangenheit in Form von verstörenden Erlebnissen im Herkunftsland und auf der Flucht, die Gegenwart durch stigmatisierende Erfahrungen in der Aufnahmegesellschaft und die Zukunft aufgrund von fehlenden Perspektiven (vgl. Emminghaus 2008: 35). Das bei der Duldung ständige Gefühl von Abhängigkeit, von Fremdbestimmung des eigenen Lebens, dem Gefühl, nicht willkommen sondern unerwünscht zu sein, das verordnete Nichtstun, die Armut und die fehlenden Zukunftsperspektiven haben vielmals gravierende Auswirkungen auf die Persönlichkeit eines Menschen. Menschen verlieren das Vertrauen in sich und andere, das Selbstwertgefühl sinkt, Hoffnung und Optimismus weichen Mut- und Kraftlosigkeit bezüglich des Lebens und der eigenen Zukunft (vgl. Hemmerling/Schwarz 2004: 10). Oft entwickeln Flüchtlinge eine neue Identität im Rahmen einer fiktiven Fluchtgeschichte, die den Anforderungen, die das Asylrecht an eine Schutzgewährung hat, entspricht. Im Zuge dessen lassen sich vielfach ein Identitätsverlust sowie eine „Doppelidentität" (Klingelhöfer/Rieker 2003: 12) beobachten.

Die Weltgesundheitsorganisation definiert psychische Gesundheit als „die Fähigkeit und Motivation, ein selbstverantwortetes Leben zu führen" (zitiert nach Emminghaus 2008: 35). Gesundheit wird dabei multidimensional im Sinne einer ökonomischen, sozialen und individuellen Komponente angesehen. Die Duldung läuft diesem Begriff vielfach zuwider: ökonomisch durch die eingeschränkten Leistungen des AsylbLG bzw. der fehlenden Möglichkeit zur selbstständigen Erwerbstätigkeit, sozial im Sinne einer fehlenden gesellschaftlichen Teilhabe und Partizipation sowie der Unterbringung in Gemeinschaftsunterkünften und individuell in Form von „Apathie und Initiativlosigkeit bis hin zur Depression als Folge der erzwungenen Untätigkeit" (Emminghaus 2008: 35).[46] In Deutschland kommen Balluseck (2003) zufolge weitere Faktoren der sozialen Ungleichheit wie Schicht, Geschlecht und Ethnizität sowie deren Interaktion mit dem Flüchtlingsstatus hinzu, welche die Entwicklungschancen vor allem junger Flüchtlinge beeinflussen (vgl. ebd.: 21ff.).

Das „erzwungene Leben im Zwischenraum" (Hemmerling/Schwarz 2004: 5) bringt zahlreiche Folgen für das Leben von geflüchteten Familien mit sich. Eltern verlieren, zumindest subjektiv wahrgenommen, ihre Kompetenz und Rolle als Vorbild, die ihren Kindern Halt und Orientierung geben können, da es ihnen selbst

46 Diese Beschreibungen sollen keinesfalls generalisierend sein. Die Autorin ist sich bewusst, dass jede Geschichte anders ist und jede Person individuell mit vergangenen Erfahrungen umgeht. An dieser Stelle soll auf keinen Fall jedem geduldeten Flüchtling psychische oder physische Erkrankungen unterstellt werden, sondern nur ein Möglichkeitsraum, in dem sich Studien zufolge leider viele (geduldete) Flüchtlinge befinden, aufgezeigt werden.

oft daran mangelt (vgl. Penteker 2004: 19). Väter und Mütter können häufig materiell nicht selbstständig ihre Familie versorgen; Kinder übernehmen verfrüht Verantwortung und die Rolle der Erwachsenen, was sich negativ auf die Persönlichkeitsentwicklung auswirken kann (vgl. ebd.). Oftmals gestaltet sich die Beziehung zwischen Eltern und Kinder schwierig, da Eltern ihre Erlebnisse und Traumatisierungen versuchen von den Kindern fernzuhalten, wodurch „Leerstellen" (Kormann/Saur 1997: 100) in der Kommunikation zwischen Eltern und Kinder entstehen.

2.2.3 Bleiberechtsregelungen: Entwicklungen und Kritik

Spätestens im Zusammenhang mit dem neuen Zuwanderungsgesetz, welches 2005 in Kraft trat, wurden Diskussionen um eine Regelung für langjährig geduldete Flüchtlinge in Deutschland laut. Die Politik wollte der Tatsache der Kettenduldungen entgegenwirken und Personen, die bereits einen langen Zeitraum in Deutschland lebten, ein Bleiberecht ermöglichen (vgl. Wendel 2014b: 7; PRO ASYL e.V. et al. 2011: 6). Im Zuwanderungsgesetz fanden diese Bemühungen in §25 Abs. 5 AufenthG Ausdruck.[47] Neben den wenigen Personen, die über dieses Gesetz eine Aufenthaltserlaubnis erhielten,[48] wurde vor allem die Unterscheidung in „gute Geduldete", welche ihr Abschiebehindernis nicht selbst zu verantworten haben und „schlechte Geduldete", welche sich ihrer Abschiebung willentlich entziehen bzw. dieser bewusst gegenwirken, verschärft (vgl. Wendel 2014b: 8). Im August 2007 trat das EU-Richtlinienumsetzungsgesetz in Kraft, im Rahmen dessen eine stichtagsabhängige Altfallregelung, welche sich an einen Bleiberechtsbeschluss der Innenministerkonferenz von 2006 orientierte, erlassen wurde (vgl. ebd.: 14f.). Dieser Regelung zufolge sollten Personen, die sich zum 1. Juli 2007 bereits sechs (für Familien mit minderjährigen Kindern) bzw. acht (für Alleinstehende) Jahre in

47 Dort heißt es unter anderem: „Einem Ausländer, der vollziehbar ausreisepflichtig ist, kann (…) eine Aufenthaltserlaubnis erteilt werden (…). Die Aufenthaltserlaubnis soll erteilt werden, wenn die Abschiebung seit 18 Monaten ausgesetzt ist. Eine Aufenthaltserlaubnis darf nur erteilt werden, wenn der Ausländer unverschuldet an der Ausreise gehindert ist (…)" (vgl. §25 Abs. 5 AufenthG).

48 Es ist davon auszugehen, dass unter 10 000 Personen direkt von dieser Regelung profitierten. In einer Antwort der Bundesregierung auf eine Anfrage der Fraktion der Linken auf die Frage nach der Anzahl von in Deutschland lebenden Ausländern findet sich zwar die Angabe von 44 171 Personen, die Ende 2007 mit einer Aufenthaltserlaubnis nach §25 Abs. 5 AufenthG lebten. Allerdings finden sich unter dieser Anzahl auch diejenigen, die schon vor 2005 im Rahmen des Ausländergesetzes eine Aufenthaltsbefugnis erhielten, weshalb eine genaue Zurechnung zu §25 Abs. 5 nicht möglich ist (vgl. Wendel 2014b: 13).

Deutschland unter Erfüllung weiterer Bedingungen, eine Aufenthaltserlaubnis erhalten. Die weiteren Voraussetzungen für den Erhalt eines Aufenthaltstitels sind die „eigenständige Sicherung des Lebensunterhaltes durch Erwerbstätigkeit", „ausreichender Wohnraum", „Deutschkenntnisse" sowie bei Familien der „tatsächliche Schulbesuch von Kindern" (vgl. ebd.: 14). Zusätzlich finden sich drei Ausschlussgründe, die eine Verletzung von Mitwirkungspflichten, Bezüge zu extremistischen oder terroristischen Organisationen sowie Straftaten die mit mehr als 50 bzw. bei ausländerrechtlichen Delikten 90, Tagessätzen bemessen wurden, beinhalten (vgl. §104a Abs. 1 AufenthG; Wendel 2014b: 16). Diejenigen, die zu diesem Zeitpunkt ihren Lebensunterhalt noch nicht vollständig aus eigenständiger Erwerbstätigkeit decken konnten, erhielten eine Aufenthaltserlaubnis auf Probe, befristet auf zwei Jahre. Zusätzlich fand sich im AufenthG eine Regelung zum „Aufenthaltsrecht für integrierte Kinder von geduldeten Ausländern" zwischen 14 und 17 Jahren.[49] Die Altfallregelung sah vor, dass bis zum Stichtag des 31. Dezembers 2009, diejenigen, die im Besitz einer Aufenthaltserlaubnis auf Probe waren, eine „überwiegend" selbstständige Sicherung ihres Lebensunterhaltes nachweisen mussten. Bis Ende 2009 hatten 21 432 Personen nach §§104a und b eine Aufenthaltserlaubnis erhalten. 6 098 (28,5%) davon in gesicherter Form, 14 134 (65,9%) auf Probe (vgl. Wendel 2014b: 15). Als sich zum Ablauf der Frist abzeichnete, dass ein Großteil davon keine selbstständige Lebenssicherung vorweisen kann, verlängerte die Innenministerkonferenz die Frist bis Ende 2011 für diejenigen, die „zumindest eine Halbtagsbeschäftigung nachweisen oder bis zum 31.01.2010 für die kommenden sechs Monate eine Halbtagesbeschäftigung glaubhaft nachweisen können" (ebd.: 15). Es wurde schnell ersichtlich, dass es für viele Personen schwierig war, ihren Lebensunterhalt nach teilweise jahrelanger erzwungener Untätigkeit in einer Gemeinschaftsunterkunft, Fremdbestimmung durch Residenzpflicht und Essenspaketen und nur geringem bzw. keinem Zugang zu Sprachkursen oder anderen Qualifizierungsmaßnahmen, innerhalb kürzester Zeit nun selbst zu verdienen (vgl. Weber 2010: 5). Hinzu kam die wirtschaftliche Krise im Jahr 2009, als Folge dessen zahlreiche Flüchtlinge ihre ohnehin prekären Beschäftigungen verloren (vgl. PRO ASYL e.V. et al. 2011: 18). Es liegen keine Informationen vor, wie viele der Personen, welche Ende 2011 im Besitz einer Aufenthaltserlaubnis auf Probe waren, einen sicheren Aufenthaltsstatus erlangten bzw. zurück in die Duldung fielen (vgl. Wendel 2014b: 16). Ende 2012 waren jedoch immer noch 87 136 Personen im Besitz einer Duldung; 42% davon bereits über sechs Jahre, 26% über zehn Jahre und 12% über 15 Jahre (vgl. ebd.: 6f.). Somit war das Problem der Kettenduldungen keinesfalls gelöst.

49 Im Jahr 2008 hatten über diese Regelung lediglich 152 Kinder eine Aufenthaltserlaubnis bekommen; 2013 waren es nur noch 20 (vgl. Wendel 2014b: 16).

2011 erließ die Regierung eine erneute Bleiberechtsregelung, welches gut integrierten Jugendlichen und Heranwachsenden nach eine Bleiberechtsoption ermöglichen sollte (vgl. §25a Abs. 1 AufenthG). Dabei sollen 15- bis 20-jährige Jugendliche bzw. junge Erwachsene, die in Deutschland geboren sind bzw. vor Vollendung des 14. Lebensjahres eingereist sind und die mindestens sechs Jahre in Deutschland leben sowie sechs Jahre „erfolgreich" in Deutschland zur Schule gegangen oder einen Schul-oder Berufsabschluss erworben haben, eine Aufenthaltserlaubnis bekommen. Zusätzlich muss gewährleistet sein, dass sie sich „in die Lebensverhältnisse der Bundesrepublik Deutschland einfügen [können]" (vgl. §25a Abs. 1 AufenthG). Ausschlussgründe sind eine „Täuschung über seine Identität oder Staatsangehörigkeit" (ebd.). Eltern von gut integrierten Jugendlichen oder Heranwachsenden können ebenfalls eine Aufenthaltserlaubnis erhalten, wenn sie nicht gegen die Mitwirkungspflichten verstoßen und ihren Lebensunterhalt „überwiegend" selbst sichern können (vgl. §25a Abs. 2 AufenthG). Als positiver Unterschied zur Altfallregelung 2007 ist die stichtagsunabhängige Regelung anzumerken (vgl. PRO ASYL e.V. et al. 2011: 10). Demgegenüber steht jedoch ein altersabhängiger Stichtag mit der Einschränkung des Personenkreises auf Jugendliche und Heranwachsende zwischen 15 und 20 Jahren. Die positive Integrationsprognose als Neuerung zur bloßen Erwerbstätigkeit bringt problematische Konsequenzen bzw. die Frage nach einer angemessenen Interpretation derer, mit sich. So müssen Ausländerbehörden entscheiden, „welches Maß an jugendtypischen Verfehlungen" (vgl. PRO ASYL e.V. et al. 2011: 10) erlaubt ist, ab wann ein Schulbesuch nicht mehr erfolgreich ist und unter welchen Umständen mit keiner positiven Integration in die deutsche Gesellschaft gerechnet werden kann. Mit der zusätzlichen Bleiberechtsoption für Eltern solcher Jugendlichen und Heranwachsenden stellt sich die Frage nach einer angemessenen bzw. zu großen Verantwortung der Jugendlichen für das Bleiberecht ihrer Eltern bzw. Familien (vgl. Wendel 2014b: 18). Bis Ende 2013 erhielten rund 4 900 Jugendliche und Heranwachsende eine Aufenthaltserlaubnis (ebd.: 18). Das Problem der Kettenduldungen und der auslaufenden Aufenthaltserlaubnisse auf Probe konnte damit aber erneut nicht als gelöst betrachtet werden.

Im April 2014 wurde der Referentenentwurf des Bundesministeriums des Inneren zur „Neubestimmung des Bleiberechts und der Aufenthaltsbeendigung" veröffentlicht. Dieser stieß in der Öffentlichkeit, vor allem im Kreis von Menschenrechts- und Flüchtlingsorganisationen und Wohlfahrtsverbände, auf massive Kritik. Heribert Prantl bezeichnete ihn in einem Artikel in der Süddeutschen Zeitung als eine „Perfidie in Paragrafenform" (Prantl 2014a) und eine „Ansammlung von Nickeligkeiten, neuen Erschwernissen und Bürokratismen" (ebd.). Eine Neuformulierung dieses Entwurfes wurde im Dezember 2014 vom Bundeskabinett verabschiedet. Darin findet sich ein stichtags- und altersunabhängiges Bleiberecht für

Personen, die mindestens acht bzw. sechs Jahre, in Deutschland leben und ihren Lebensunterhalt überwiegend selbstständig erwirtschaften sowie weitere „nachhaltige“ Integrationsleistungen wie das Beherrschen der deutschen Sprache, erbringen. Zusätzlich zum Wegfall eines Stichtages ist positiv anzumerken, dass der Nachweis von Deutschsprachkenntnissen und einer Erwerbstätigkeit für Personen aufgrund von Alter, Krankheit oder Behinderung entfallen kann (vgl. Boettcher 2014: 31). Pro Asyl verweist auf die im Gesetz geschaffene Möglichkeit der Ausländerbehörden, zeitlich befristete Aufenthaltsverbote für Personen, die ihrer Ausreisepflicht nicht nachkommen, zu verhängen. Darin sieht die Flüchtlingsorganisation die Gefahr einer Aushebelung der neuen Bleiberechtsregelungen (vgl. PRO ASYL e.V. 2014b). Wie schon beim Entwurf vom April 2014 werden weiterhin massive Verschärfungen von Inhaftierungsregeln kritisiert (vgl. ebd.). So stellt beispielsweise das Bezahlen eines bestimmten Geldbetrages an einen Schleuser ein Haftgrund dar, was für viele Flüchtlinge jedoch der einzige Weg ist, eine Flucht zu bestreiten. Des Weiteren finden sich im neuen Entwurf Wiedereinreisesperren für Personen, deren Asylanträge als unzulässig, unbeachtlich oder offensichtlich unbegründet abgelehnt werden,[50] worin Pro Asyl eine „Kriminalisierung von Schutzsuchenden“ (ebd.) sieht. Pro Asyl sieht in dem Gesetzesentwurf neben einigen Verbesserungen für bereits in Deutschland lebenden Menschen vor allem jedoch ein Versuch „Deutschland künftig noch effektiver gegen Schutzsuchende abzuschotten“ (ebd.).

An den bisherigen Bleiberechtsregelungen lässt sich ein sehr starker Fokus auf arbeitsmarktpolitische Erwägungen erkennen, welche unter Kosten-Nutzen-Rechnungen diejenigen Flüchtlinge, deren Potenziale die Wirtschaft braucht und welche ihre „Talente“ effizient einbringen können, unter bestimmten Bedingungen ein Aufenthaltsrecht zuspricht, andere hingegen ausschließt (vgl. Wendel 2014b: 30). Zudem wird innerhalb aller Regelungen die Kategorie der Personen geschaffen, welche ihre Abschiebungshindernisse selbst zu vertreten haben (vgl. Wendel 2014b: 10). Indem sie nicht aktiv an der Abschiebung in ein Land, aus dem sie aus berechtigten Gründen geflohen sind, mitwirken bzw. die selbst zu verantwortende Verhinderung der Abschiebung leichtfertig interpretiert werden kann, werden sie schnell zu Personen, denen „Asylmissbrauch“ unterstellt wird (vgl. ebd.: 10). Dies hat einerseits gravierende Auswirkungen auf die Wahrnehmung dieser Personengruppe durch die Öffentlichkeit, andererseits auch konkrete Auswirkungen auf die Betroffenen selbst durch zahlreiche Sanktionen bei Verstoß gegen Mitwirkungspflichten wie z.B. einem Arbeitsverbot und damit einer erheblichen Verschlechterung ihrer Lebensbedingungen (vgl. ebd.: 10ff.).

---

50 In den Jahren 2012 und 2013 wurden von den insgesamt rund 30 000 abgelehnten Asylanträge 20 000 als „offensichtlich unbegründet“ abgelehnt (vgl. Voigt 2014).

3 Das Agency-Konzept

Im vorangegangenen Kapitel wurden Bereiche der Asylpolitik, welche im Zusammenhang mit geduldeten Flüchtlingen und somit als Grundlage für diese Arbeit, relevant sind, aufgeführt. In diesem Kapitel soll nun das sozialwissenschaftliche Agency-Konzept, welches der Untersuchung als theoretischer sowie analytischer Bezugsrahmen dient, aus einem vorwiegend theoretischen Blickwinkel beleuchtet werden. Zunächst wird unter 3.1 eine erste Begriffsklärung des Agency-Konzeptes, dessen Entstehung als auch eine Einordnung in den sozialwissenschaftlichen Diskurs vorgenommen. Um die Entwicklung des hier vertretenen Ansatzes von Emirbayer und Mische (1998) in seinen Grundgedanken nachvollziehen zu können, wird darauf folgend ein kurzer Abriss zur theoretischen Entwicklung dessen, wie er im Beitrag der AutorInnen zu finden ist, gegeben. Dabei wird die Weiterentwicklung von Theorien als auch deren Einfluss auf das Konzept der AutorInnen ersichtlich. Daran schließt sich die bei Emirbayer und Mische (1998) verwendete und für diese Untersuchung gültige Agency-Konzeption an (vgl. 3.2.2). Im abschließenden Punkt zum Agency-Konzept werden auf die von den AutorInnen erwähnte Konsequenzen, die sich aus den konzeptuellen Ausführungen ergeben, eingegangen (vgl. 3.2.3). Dadurch wird die Bedeutung des dargestellten theoretischen Konzeptes für eine empirische Arbeit deutlich. Gleichzeitig dienen diese Überlegungen als leitend bei der Analyse der Interviews, wodurch das Agency-Konzept nicht nur als theoretische Grundlage, sondern auch als analytisches Grundgerüst dieser Arbeit dient.[51]

3.1 Agency im sozialwissenschaftlichen Diskurs

Das Konzept von Agency ist ein vages und vielseitiges Konstrukt, welches innerhalb der Sozialwissenschaften unterschiedlichen Les- und Spielarten ausgesetzt ist (vgl. Emirbayer/Mische 1998: 963). Der dazugehörige Agency-Begriff wird in un-

51 Wie diese noch sehr theoretisch gehaltenen Fragen für die Empirie konkret in die Analyse eingebunden werden können und welche Bedeutung sie damit für die hier vorliegende Untersuchung haben, wird unter 5.4 genauer erläutert.

terschiedlichen Disziplinen wie der Soziologie, der Anthropologie oder der Politikwissenschaft in vielfältiger Weise aufgefasst und konzeptualisiert, wodurch eine analytisch-systematische und stringente Bestimmung dessen fehlt (vgl. ebd. : 963; Helfferich 2012b: 9f.; Raitelhuber 2008: 18). In deutschsprachigen Arbeiten wird der Begriff Agency wahlweise mit Handlungsbefähigung, Handlungsfähigkeit oder Handlungsmächtigkeit übersetzt und verwendet; andere AutorInnen setzen ihn mit Handeln an sich gleich (vgl. Raitelhuber 2008: 18).[52] Diese unterschiedlichen Übersetzungen sind jedoch nicht nur sprachlicher Natur, sondern verweisen auf die diversen Begrifflichkeiten und damit verbundenen Auffassungen. Im Kern geht es um die in den Sozialwissenschaften angesiedelte elementare Frage nach der Beziehung von Individuum und Gesellschaft, von Struktur und Handeln und einer Bestimmung des Verhältnisses von gesellschaftlicher Beschränkung und individueller Selbstbestimmung (vgl. Scherr 2012: 99f.; Scherr 2013: 232). Gemeinsam ist den unterschiedlichen theoretischen Konzeptualisierungen der Versuch einer „theoretischen Integration von Strukturtheorien einerseits [und] Handlungs- und Subjekttheorien andererseits" (ebd. 2013: 231). Erstere schreiben Strukturen und Systemen vor allem beschränkende Funktionen zu, welchen der Mensch unterworfen ist und sich seine Handlungen deshalb überwiegend als systemfunktional und begrenzt durch externe Gegebenheiten erfassen lassen können (vgl. Raitelhuber 2012: 126). Als prominentester Vertreter sei hier Talcott Parsons Strukturfunktionalismus erwähnt, welcher bis in die 1960er Jahre als dominanter Ansatz galt (vgl. ebd. 2008: 19). Aufgrund einer zu starken Fokussierung auf strukturdeterministische Prozesse und der Vernachlässigung einer Konzeption eines interaktiv handelnden Menschen, geriet dieser ab den späten 1960er Jahren immer mehr in Kritik. Als Folge dieser Kritik traten vermehrt Theorien hervor, welche Handlungen von individuellen Menschen und Gruppen in den Blick nehmen. Diese gehen meist von einem Individuum aus, das „jenseits sozialer Begrenzungen und Einflüsse" (Scherr 2012: 99) reflexiv und aktiv Einfluss auf seine Umgebung nehmen kann. Dem Akteur wird Handlungsfähigkeit per se zugesprochen (vgl. ebd. 2013: 231, 233). Kritik an diesen Ansätzen wurde in der fehlenden Erklärung für die Beziehung von menschlichen Handlungen auf der Mikroebene und Strukturen auf der Makroebene laut (vgl. Raitelhuber 2008: 20). Seit den 1970er Jahren finden Bemühungen statt, diese zwei Positionen zu verbinden und den strukturzentrierten als auch den subjektzentrierten Blick auf das Zusammenspiel

52 In der vorliegenden Arbeit werden die Begriffe „Agency" und „Handlungsfähigkeit" synonym verwendet. Dies ergibt sich aus dem engen Bezug zur Theorie von Emirbayer und Mische (1998), in welcher Agency als Handlungsfähigkeit (in Abgrenzung zu „structure" und „action") verstanden wird (vgl. ebd.: 1004). Bei Scherr (2013) findet sich ebenfalls eine Übersetzung von „Agency" als „Handlungsfähigkeit". Im Theorieteil wird aufgrund des engen Bezugs zu Emirbayer und Mische (1998) vor allem von „Agency" gesprochen, wohingegen im weiteren Verlauf der Arbeit verstärkt das deutsche Wort „Handlungsfähigkeit" verwendet wird.

und die Wechselwirkung der beiden Seiten zu lenken (vgl. Raitelhuber 2012: 127). Seitdem tritt Agency vor allem im anglophonen Sprachraum in der „*structure/agency*-Debatte" (Raitelhuber 2008: 27) hervor. Seit Mitte der 1990er Jahre werden die dort zu findenden unterschiedlichen Beiträge zusammengefasst und einem systematischen Vergleich unterzogen und hinsichtlich ihres theoretischen Gewinns bewertet (vgl. ebd. 2008: 27). In den Diskursen geht es um die Überwindung des beschriebenen Dualismus, welcher auf der einen Seite Handlungen als sozialdeterminiert, auf der anderen Seite Individuen als autonome Subjekte konzipiert (vgl. Scherr 2013: 231). Anstatt dessen wird versucht, Struktur und Agency aufeinander zu beziehen. Soziale und gesellschaftliche Strukturen werden dabei als Rahmen für individuelle und kollektive Handlungen ebenso wie als Produkt derer aufgefasst (vgl. Raitelhuber 2012: 127). Es geht darum, „sozial nicht determinierte Handlungsfähigkeit von Individuen und sozialen Gruppen selbst als sozial ermöglicht" (Scherr 2013: 231) zu verstehen und damit „das Soziale" (ebd. 2012: 231) nicht nur als beschränkend wahrzunehmen. Der Diskurs zielt somit auf eine theoretisch angemessene Bestimmung von Handlungsfähigkeit von individuellen und kollektiven Akteuren im Zusammenspiel mit strukturellen Kontexten (vgl. Scherr 2012: 232).

Als wichtiger früher Vertreter bei der Entwicklung einer theoretischen Synthese gilt der französische Soziologe Pierre Bourdieu, der das menschliche Handeln mit dem Konzept des Habitus begründet.[53] Der Habitus als „dauerhaft wirksames System von (klassenspezifischen) Wahrnehmungs-, Denk- und Handlungsschemata" (Schwingel 1995: 73), gegründet auf inkorporierten Erfahrungen, liegt gemäß Bourdieu der menschlichen Wahrnehmung sowie dessen Handlungen zugrunde. Beeinflusst werden diese außerdem durch die dem Akteur zur Verfügung stehenden Ressourcen, die Bourdieu in vier unterschiedliche Kapitalsorten differenziert und welche Einfluss auf die Positionierung im sozialen Raum haben. Mit

53 Es gäbe an dieser Stelle etliche weitere AutorInnen zu nennen, die in diesem Bereich wichtige Beiträge leisteten, wie beispielsweise Jürgen Habermas sowie die britische Soziologin Margaret Archer, die bei Raitelhuber (2008) zu finden sind (vgl. ebd.: 27). Dieser behandelt zudem ausführlich die Theorie von Barry Barnes der Agency unter einer relational-relativistischen Perspektive untersucht (vgl. Raitelhuber 2008: 28ff.) Scherr (2012) geht in seinem Beitrag unter anderem auf die Bedeutung der Systemtheorie von Luhmann sowie der Objektiven Hermeneutik bei Ulrich Oevermann ein und erwähnt ebenso wie Raitelhuber (2008) weitere AutorInnen wie beispielsweise Judith Butler und Norbert Elias, auf die er jedoch nicht weiter eingeht (vgl. ebd.: 99). –Der Fokus der vorliegenden Arbeit liegt nicht auf der theoretischen Einordnung und Präzisierung der Agency-Debatte. Es wird das Agency-Konzept von Emirbayer und Mische (1998) als gewinnbringender Rahmen für die empirische Analyse angesehen, weshalb dieses ausführlich behandelt wird. Da die AutorInnen in ihrer Ausführung an einigen Stellen Bezug auf Bourdieu und Giddens nehmen (vgl. z.B. Emirbayer/Mische 1998: 963), scheint es sinnvoll, deren Konzepte an dieser Stelle knapp, wie bei Emirbayer und Mische (1998) zu finden, wiederzugeben.

seiner Konzeption fokussiert Bourdieu vor allem die Bedeutung der Vergangenheit und darin erworbene Schemata für gegenwärtige und zukünftige Handlungen. Aufgrund dessen und einer unbewussten Erwartungshaltung gegenüber der Zukunft reproduziert der Mensch vor allem Strukturen und wirkt damit klassenerhaltend (vgl. ebd.: 59ff.). Bourdieu schließt in seiner Argumentation eine verändernde Wirkung von Handlungen auf Strukturen nicht vollständig aus, jedoch bietet seine Konzeption keine Möglichkeit, dies adäquat zu analysieren und empirisch zu erfassen (vgl. Emirbayer/Mische 1998: 983f.). In Bourdieus Arbeit ist das Agency-Konzept folglich nicht weit entwickelt und ausgearbeitet (vgl. Raitelhuber 2008: 22), jedoch konzipiert er, entgegen der dualistischen Vorstellung, Struktur und menschliches Handeln als sich gegenseitig konstitutive Elemente (vgl. Emirbayer/Mische 1998: 1003).

Diese Vorstellung von Struktur und Handlung findet sich auch bei Anthony Giddens wieder,[54] welcher als prominenter Agency-Theoretiker gilt und in seiner „Theorie der Strukturation" eine genauere Ausarbeitung des Agency-Konzeptes liefert. In dieser konzipiert der Autor Struktur sowohl beschränkend als auch ermöglichend (vgl. Raitelhuber 2008: 22; Scherr 2012: 235). Agency wird als Fähigkeit des Individuums verstanden, Einfluss auf Struktur zu nehmen, welche wiederum aber auch Medium dieser Konstitution ist (vgl. Raitelhuber 2008: 239). Dabei charakterisiert Giddens Agency als ein grundlegendes menschliches Vermögen und sieht dabei das menschliche Individuum als den „einen wirklichen, wahren ‚agent' " (zitiert nach ebd. 2012: 129). Der Autor verortet somit Agency als analytische Kategorie innerhalb des Handelnden selbst, der immer auch hätte anders handeln können (vgl. ebd.: 130). Das von dem Autor vertretene individualistische Agency-Verständnis war und ist Gegenstand zahlreicher Kritik als auch Neuinterpretation und Weiterentwicklung (vgl. ebd. 2008: 22; ebd.: 2012: 128). Giddens konzeptualisiert Handeln vor allem, in Übereinstimmung mit Bourdieus Habituskonzeptes, als Rückgriff auf etablierte Routinen und Gewohnheiten (vgl. Emirbayer/Mische 1998: 963, 978).[55] Damit lässt er ebenso wie Bourdieus Konzept wenig konzeptuellen Spielraum für strukturverändernde kreative Handlungsentscheidungen.

54 Innerhalb Giddens Theorie ist es nicht eindeutig, ob er seiner eigenen Anforderung, den Dualismus zu überwinden, gerecht wird (vgl. Scherr 2013: 233; Raitelhuber 2008: 24).

55 An dieser Stelle wird auf eine weitere kritische Auseinandersetzung dieser Ansätze verzichtet, da dies unter 3.2.2 vorgenommen wird.

3.2 Das Agency-Konzept bei Mustafa Emirbayer und Ann Mische

Emirbayer und seine KoautorInnen nehmen eine erneute Konzeption von Agency in der Tradition der relationalen Sozialwissenschaft vor und liefern damit einen wichtigen Beitrag innerhalb des sozialwissenschaftlichen Fragekomplexes nach dem Verhältnis von Individuum und Struktur bzw. einer angemessenen Bestimmung von Handlungsfähigkeit, die sowohl sozial bedingt als auch ermöglicht ist. Die AutorInnen bezeichnen ihren Ansatz selbst als „intrinsically social and relational" (Emirbayer/Mische 1998: 973) sowie als „relational pragmatics" (ebd.). Scherr (2012) nimmt in seinem Beitrag eine Verortung des Konzeptes in den Kontext der relationalen Sozialwissenschaft vor. Relationale Perspektiven grenzen sich von Annahmen über Individuen als Träger von feststehenden Eigenschaften, wie sie beispielsweise bei Giddens zu finden ist, ab (vgl. ebd.: 102). Sie zeichnen sich erstens durch die Annahme aus, dass soziale Strukturen und Prozesse aus Relationen bestehen (vgl. ebd. 2013: 234). Zweitens wird davon ausgegangen, dass die „Beschaffenheit, Funktion oder Bedeutung der Elemente nicht vorgängig und unabhängig von den Relationen ist, in denen die Elemente situiert sind" (ebd.: 234).

Mithilfe Emirbayers und Misches (1998) Konzeption von Agency können theoretische als auch methodische Unzulänglichkeiten der oben knapp dargestellten Ansätze überwunden werden, weshalb sie zur Bearbeitung der vorliegenden Untersuchung gewählt wurde. In den folgenden zwei Unterkapiteln werden anhand den Einflüssen von Jeffrey Alexander bzw. vor allem Georg Herbert Mead sowie der Darlegung des Agency-Verständnisses bei den AutorInnen die Abgrenzung zu bisherigen Konzepten sowie der Mehrwert, der daraus entsteht und am Ende von 3.2.2 zusammenfassend dargestellt wird, deutlich.

3.2.1 Theoriengeschichtliche Entwicklung

Emirbayer und Misches (1998) Konzept von Agency lässt sich auf Ansätze in den Arbeiten von Jeffrey Alexander, dem Pragmatismus von John Dewey und vor allem Georg Herbert Mead sowie der Phänomenologie von Alfred Schütz, zurückführen (vgl. ebd.: 967).[56] Jeffrey Alexander als Vertreter des Neofunktionalismus wird von Emirbayer und Mische (1998) als einer der Ersten bezeichnet, der in

56 In dieser Arbeit wird hauptsächlich Bezug auf die Publikation „What is Agency?" von Emirbayer und Mische aus dem Jahr 1998 genommen. Emirbayer beschäftigte sich bereits in früheren Arbeiten mit der Konzeption von Agency. Zu nennen ist hier vor allem seine mit Jeff Goodwin 1994 erschienene Publikation „Network Analysis, Culture and the Problem of Agency", in welcher Agency in der Auseinandersetzung mit der Netzwerkforschung betrachtet wird.

einer gewinnbringenden Weise versucht, das Konzept Agency als eine eigenständige analytische Kategorie in seiner inneren Struktur und in einer Wechselwirkung mit kontextuellen Strukturen, zu beschreiben (vgl. ebd.: 967). Dabei unterscheidet er zwei Dimensionen menschlicher Handlung: die Dimension der „interpretation“ (ebd.: 967) und „strategization“ (ebd.) und gibt damit Einblick in die „black box“ menschlicher Handlung bzw. die interpretativen Prozesse menschlicher Handlungsentscheidungen (vgl. ebd.: 967). Emirbayer und Mische (1998) honorieren diese Kategorisierung als Ansatzpunkt für eine weitere analytische Betrachtung von Agency, welche über gewohnheitsbasierte Handlungen hinausgeht. Alexander nimmt innerhalb seiner Konzeption den Menschen als Bezugspunkt, um empirische Realität und dort getroffene Handlungen zu analysieren und verortet diesen gleichzeitig in einem strukturellen Kontext. Der Autor bewegt sich jedoch noch immer innerhalb einer von Kant inspirierten Dichotomie von einerseits an Zweck und Ziel und andererseits an Normen ausgerichteten Handlungen, welche einer angemessenen Bestimmung von Agency nicht gerecht wird.[57] Emirbayer und Mische (1998) kritisieren zudem an Alexanders Konzeption die starke Betonung auf den normativen Charakter menschlicher Handlungsentscheidungen sowie eine Vernachlässigung der zeitlichen Dimension des strukturellen Kontextes (vgl. Raitelhuber 2010: 20).

Die Überwindung dieses Dualismus findet sich im Pragmatismus, vor allem bei den bereits oben erwähnten Vertretern John Dewey und George Herbert Mead sowie bei Alfred Schütz. Diese gehen davon aus, dass Ziel und Zweck einer Handlung nicht unabhängig von konkreten Situationen betrachtet werden dürfen, sondern sich diese zeitgleich in Kontexten herausbilden. Kontexte selbst verändern sich stetig, was eine dauernde Reflexion von den sich dort befindenden Akteuren verlangt (vgl. Emirbayer/Mische 1998: 967). Indem sie jegliche menschliche Ziele und Zwecke als zwangsläufig aus gesellschaftlich verankerten Werten und Vorstellungen heraus konstruiert betrachten, lösen sie die kantianische Unterscheidung zwischen zweck- und zielgerichteter Interessensverfolgung und normbasierten Entscheidungen auf (vgl. ebd.: 968). In Hinblick auf die zeitliche Konzeption von Agency wirkt vor allem Meads Werk „The Philosophy of the Present“ von 1932 beeinflussend. Dieser definiert Zeit als „multilevel flow of nested events, radically grounded in (but not bounded by) present experiences“ (zitiert nach Emirbayer/Mische 1998: 968). Der Mensch befindet sich demnach fortlaufend in

57 Emirbayer und Mische (1998) gehen in ihrer Arbeit „What is Agency?“ bis auf die Gedanken der Aufklärung als Ursprung der aktuellen Agency-Debatten zurück und geben dabei einen kurzen Abriss über den Diskurs, welcher der Frage nachgeht, ob einerseits Zweckrationalität oder andererseits normbasierte Handlungen als wahrer Ausdruck von Freiheit betrachtet werden können (vgl. ebd.: 964). Dabei gehen sie neben einer Betrachtung von Kant unter anderem auf Vorstellungen und Gedanken von John Locke, Adam Smith, Jeremy Bentham, John Stuart Mill und Jean-Jacques Rousseau ein (vgl. ebd.: 964ff.).

zeitlichen Übergängen zwischen Altem und Neuem. Diese gleichzeitige Situierung des Menschen innerhalb der Vergangenheit, der Gegenwart und der Zukunft verdeutlicht Mead, indem er auf Reaktionen von Akteuren auf eine sich ändernde Umwelt eingeht: Um die Bedingungen und Umstände, welche die aktuelle Situation hervorbringt, in ihrer Kausalität zu verstehen, muss der Akteur kontinuierlich seine Sicht auf die Vergangenheit reflektieren und rekonstruieren. Dieses kausale Verständnis nutzt der Akteur dann, um zukünftige Handlungen zu entwerfen (vgl. ebd.: 969). Dieser beschriebene Prozess bildet den Kern der von Mead entworfenen „deliberative attitude" (zitiert nach Emirbayer/Mische 1998: 969), welche die Fähigkeit beschreibt, zukünftig zu erwartende Bedingungen und Umstände zu erfassen und antizipieren, da diese in vergangenen Handlungen begründet sind. Damit rekonstruiert der Akteur stetig seine Vergangenheit in Erwartung der Zukunft (vgl. ebd.).

Ein zweiter wichtiger Beitrag Meads für die Entwicklung des Agency-Konzeptes von Emirbayer und Mische (1998) sind seine Überlegungen zum menschlichen Bewusstsein. Die Fähigkeit des Menschen, sich gleichzeitig in unterschiedlichen temporal-relationalen Kontexten zu bewegen, wird von Mead als „sociality" (zitiert nach Emirbayer/Mische 1998: 968) bezeichnet. Mead unterscheidet zwischen drei Ebenen des menschlichen Bewusstseins, welche sich durch die unterschiedlich ausgeprägte Fähigkeit des Menschen, seine Umwelt aktiv zu beeinflussen, voneinander abgrenzen lassen (ebd.: 969). Die erste Ebene, „the level of 'contact experience'" (ebd.), zeichnet sich durch eine sofortige Reaktion des Akteurs auf Empfindungen und Gefühle aus. Die zweite Ebene, „level of 'distance experience'" (ebd.), lässt sich durch die Fähigkeit, sich von reflex- und routinenartigen Handlungen zu distanzieren und anstatt dessen einen Bezug zu vergangenen sowie antizipierten zukünftigen Erfahrungen herzustellen, bestimmen. Die dritte Ebene zeichnet sich durch den höchsten Grad an Reflexivität in Form von kommunikativer Interaktion aus. Auf dieser Ebene entwickeln sich Werte und soziale Bedeutungen durch emphatische Prozesse der Perspektivenübernahme.[58] Der Mensch wechselt die Ebenen, wenn er Reaktionen auf Probleme als unzureichend wahrnimmt. Dabei erweitert er die Perspektive auf seine Handlungsentscheidung, indem er zeitliche Bezüge mit der Vergangenheit, der Gegenwart und der Zukunft herstellt (vgl. ebd.). Mead sieht den Menschen dabei immer eingebettet in sich überlappende Systeme, weshalb er eine Rekonstruktion der zeitlichen Perspektive auch als intersubjektiven Prozess beschreibt, da der Mensch gleichzeitig aus seinem Standpunkt und aus dem Standpunkt anderer heraus entscheidet und handelt.

58 Die Unterscheidung der drei Ebenen und deren charakteristische Eigenschaften spiegeln sich bei Emirbayer und Mische (1998) zu bestimmten Teilen in den von ihnen herausgearbeiteten Dimensionen von Agency wieder.

In Emirbayer und Misches (1998) Konzeption von Agency finden sich in mehreren Aspekten, wie im folgenden Abschnitt deutlich wird, klare Bezüge zu Meads Verständnis vom menschlichen Bewusstsein. Die AutorInnen betonen den Mehrwert, den Meads Ansatz im Zusammenhang mit der Beschreibung der inneren Struktur von Handlungsfähigkeit besitzt. Sie heben den Beitrag des Pragmatismus zu einem kreativeren Verständnis von Handlungsfähigkeit hervor, welches sich von teleologischen Ziel-und Zweckvorstellungen, die sich unter anderem in Rational Choice Ansätzen wiederfinden, abgrenzt, indem es Handlungen in einen relationalen und zeitlichen Kontext verortet (vgl. Emirbayer/Mische 1998: 969f.).

3.2.2 Konzeption von Agency

Zentral bei der Erfassung von Agency bei Emirbayer und Mische (1998) ist die genaue Untersuchung und Konzeption der internen Struktur von Agency.[59] Agency muss dabei als eigenständige analytische Kategorie, und nicht nur als Gegensatz von Struktur, untersucht werden (vgl. ebd.: 963). Mit dieser Herangehensweise grenzen sich Emirbayer und Mische (1998) von Giddens und Bourdieu ab. Diese leisten durch die Kritik und der partiellen Überwindung der Dichotomie von Struktur und Agency einen wichtigen Beitrag zur Agency-Diskussion (vgl. Emirbayer/Mische 1998: 1003). Innerhalb ihrer Konzeption sind jedoch die beiden sich konstituierenden Elemente so eng miteinander verschränkt, dass sie nicht als eigenständige Kategorien untersucht werden können. Dies erschwert bzw. macht eine Untersuchung der Wechselwirkung und des Zusammenspiels der beiden Seiten unmöglich (vgl. ebd.). Aber genau diese Wechselwirkung muss untersucht werden, um Agency als Fähigkeit von zeitlich und relational eingebetteten AkteurInnen angemessen zu bestimmen. So argumentieren die AutorInnen (1998) für eine Zerlegung von Agency in seine analytischen Komponenten, welche sie

59 In ihrer Publikation „What is Agency?“ fokussieren die AutorInnen vor allem die interne Struktur von Agency und vernachlässigen eine analytische Zerlegung des Kontexts (vgl. Emirbayer/Mische 1998: 970). Sie erwähnen dies jedoch kurz und beziehen sich dabei auf eine ihrer früheren Arbeiten sowie auf Autoren wie Pitirim Soroking, Talcott Parsons und Edward Shils sowie Jeffrey Alexander. Dabei unterscheiden sie einen kulturellen, einen sozial-strukturellen (*social-structural*) sowie einen sozial-psychologischen (*social-psychological*) Kontext (vgl. ebd.). Ersterer beinhaltet unter anderem kulturelle Symbole und Vorstellungen, welche die Wahrnehmung der Welt der AkteurInnen und damit deren Handlungen normativ beeinflussen und beschränken. Zweiter bezieht sich auf soziale Netzwerke. Letzter beschreibt psychische Strukturen der AkteurInnen, welche Handlungen einschränken und ermöglichen. Diese eigenständigen Kategorien sind gemeinsam mit den gesellschaftlichen Institutionen wie dem bürokratischen Verwaltungsapparates eines Staates, einer kapitalistisch ausgerichteten Wirtschaft und der Zivilbevölkerung, zu sehen (vgl. ebd.)

als zeitliche Orientierungen konzipieren (vgl. ebd.: 963). Erst wenn Agency in seiner inneren Beschaffenheit erfasst wird, kann auf angemessene Weise das Verhältnis dessen zu Struktur bestimmt werden.

Um einer erneuten Dichotomie von strukturellen Einschränkungen oder Ermöglichungen und subjektiven Dispositionen zu entgehen, wird Agency folglich bei Emirbayer und Mische (1998) in einer zeitlichen Perspektive betrachtet (vgl. Scherr 2012: 108f.). Dabei definieren die AutorInnen Agency

> „as a temporally embedded process of social engagement, informed by the past (in its 'iterational' or habitual aspect) but also oriented toward the future (as a 'projective' capacity to imagine alternative possibilities) and toward the present (as a 'practical-evaluative' capacity contextualize past habits and future projects within the contingencies of the moment)" (Emirbayer/Mische 1998: 962).

Denn die Agency-Dimension von sozialen Prozessen kann in seiner ganzen Komplexität nur gefasst werden, wenn sie analytisch „within the flow of time" (Emirbayer/Mische 1998: 963) situiert wird, was ein zentrales Argument in der Konzeption von Emirbayer und Mische (1998) ist. Wenn davon ausgegangen wird, dass strukturelle Kontexte und Agency analytisch zu trennen sind, dann muss der Frage nachgegangen werden, wie AkteurInnen ihre Beziehungen und ihren Einfluss zu den Kontexten verändern und damit Einfluss auf die Bedingungen ihres Lebens nehmen können (vgl. ebd.: 964). Dies ist den AutorInnen zufolge möglich, indem man Agency unter dem Blickwinkel von drei zeitlichen Orientierungen untersucht. Durch diese Betrachtungsweise kann man untersuchen, wie das Individuum einerseits Struktur und Kontext verändert und seine Handlungsfähigkeit dadurch gleichzeitig bedingt und geformt wird (vgl. ebd.). Emirbayer und Mische (1998) unterscheiden wie in der oben aufgeführten Definition ersichtlich wird, einen habituellen Aspekt, der durch die Vergangenheit informiert ist, eine zukunftsbezogene „Fähigkeit, alternative Möglichkeiten zu imaginieren" (vgl. ebd.: 963; Übersetzung bei Scherr 2012: 109) sowie drittens die „Fähigkeit, vergangenheitsbedingte Gewohnheiten und Routinen mit zukunftsbezogenen Projekten im Kontext der Kontingenzen der Gegenwart in Beziehung zu setzen" (ebd.). Anlehnend an Mead wird jede Erfahrung, die in der Gegenwart stattfindet, von der Vergangenheit und der Zukunft beeinflusst (vgl. ebd.: 969). Jede dieser drei zeitlichen Orientierungen ist in jeder Handlung vorzufinden. Deshalb sprechen die AutorInnen von einem „akkordischen Dreiklang" von Agency („*chordal triad* of agency", ebd.: 972). Allerdings konstatieren Emirbayer und Mische (1998), dass sich in jeder Situation eine dominante Orientierung identifizieren lässt. Ebenso wie in einer Handlung bzw. Situation alle drei Töne zu hören sind, um im Terminus der AutorInnen zu bleiben, hat auch jede einzelne Orientierung eine innere Struktur aufzuweisen, in welcher neben einer dominanten Ausrichtung die jeweils anderen Aspekte, also eine Orientierung an der Vergangenheit, der Zukunft oder der Gegenwart, vorzufinden sind (ebd.).[60]

Innerhalb der *iterational dimension*, also dem habituellen Aspekt von Agency, ist die Vergangenheit der am lautesten zu hörende Ton. Obwohl jede Erfahrung in der Gegenwart stattfindet, ist diese von vergangenen Ereignissen beeinflusst (vgl. ebd.: 975). Zentral ist die Schematisierung von sozialen Erfahrungen: AkteurInnen haben in vergangenen Interaktionen Handlungsschemata entwickelt, die sie wieder abrufen, auswählen und gezielt einsetzen können (ebd.). Obwohl dieser Aspekt oft eher mit Struktur und weniger mit Handlungsfähigkeit in Verbindung gebracht wird, betonen die AutorInnen, dass auch routinenhafte Handlungen als Agency angesehen werden müssen (vgl. ebd.: 975). Denn die Typisierung und Routinisierung von Erfahrungen sind aktive Prozesse, welche unter anderem Interaktionen zwischen AkteurInnen und Situation beinhalten, weshalb auch Gewohnheiten und Routinen als Dimension von Handlungsfähigkeit betrachtet werden müssen (vgl. ebd. 1998: 976). Bei näherer Betrachtung der internen Struktur der *iterational dimension* wird deutlich, dass es darum geht, in welcher Art und Weise die erworbenen Muster und Schemata zur Anwendung kommen.

Der zukunftsbezogene Aspekt von Agency findet sich bei Emirbayer und Mische (1998) in der *projective dimension of agency* wieder. Anlehnend an Meads Konzeption vom menschlichen Bewusstsein wird hierbei davon ausgegangen, dass Menschen sich von Gewohnheiten und Routinen distanzieren können und damit neue Möglichkeiten für zukünftige Handlungen entwerfen können (vgl. ebd.: 984). Durch die Vorstellung von sich selbst und seinem Leben in der Zukunft werden gegenwärtige Handlungen begründet (vgl. ebd.). Mit der Annahme eines solchen projektiven Elements grenzen sich Emirbayer und Mische (1998) von den Annahmen über menschliche Handlungsfähigkeit, wie sie im Habituskonzept von Bourdieu als auch bei Giddens zu finden sind, ab. Indem erworbene Denk- und Handlungsmuster nicht schon im Voraus Wahrnehmungen und Handlungen von Situationen bestimmen, sondern sie „in kreativer Weise in Relation zu den zukunftsbezogenen Hoffnungen, Befürchtungen und Wünschen der Akteure rekonfiguriert werden“ (vgl. ebd. 971, Übersetzung bei Scherr 2012: 110), werden Strukturen nicht nur reproduziert und erhalten, sondern können durch die AkteurInnen verändert und geformt werden.

60 Die AutorInnen beschreiben in ihren Ausführungen detailliert die einzelnen Prozesse, welche innerhalb der drei Dimensionen in Bezug auf Handlungsentscheidungen zu identifizieren sind und zeigen dabei auf, inwiefern Bezüge zu anderen zeitlichen Orientierungen hergestellt werden können (vgl. Emirbayer/Mische 1998: 979ff. für eine genaue Beschreibung der *iterational dimension*; 988ff. für die *projective dimension* und 997ff. für die *practical-evaluative dimension*).

Die dritte zeitliche Orientierung wird von den AutorInnen als *practical-evaluative dimension* bezeichnet. Im Rahmen dieser Orientierung werden Anforderungen und Möglichkeiten der Gegenwart berücksichtigt, wobei gewohnheitsmäßige Routinen als auch die Vorstellung von neuen Projekten an aktuelle Gegebenheiten angepasst werden müssen (vgl. ebd.: 994). Der zentrale Punkt ist die Kontextualisierung von vergangenen Erfahrungen (vgl. ebd.). Betont wird hierbei Kommunikation bzw. Selbstreflexion, durch die AkteurInnen Entscheidungen treffen können, welche gewohnte Muster in Frage stellen.

In dieser zeitlichen Konzeption von Agency und der Ausdifferenzierung in drei Orientierungen wird die Nähe zu Meads Idee vom menschlichen Bewusstsein und dessen Unterteilung in drei Ebenen deutlich. AkteurInnen bewegen sich innerhalb und zwischen unterschiedlichen Kontexten und verändern dabei auch ihre zeitlichen Orientierungen, wodurch sie Einfluss auf ihre Umgebung ausüben können (vgl. ebd.). Wie in Meads Konzeption bringt auch bei Emirbayer und Mische (1998) ein Wechsel in der zeitlichen Orientierung eine Veränderung im Grad der Reflexivität mit sich. So konzipieren die AutorInnen wie bereits erwähnt auch den habituellen Aspekt als Agency, allerdings wird dieser eher als unreflektiert und gegeben wahrgenommen (vgl. ebd.: 973). Wenn Gewohnheiten jedoch nicht mehr als Lösung aktueller Probleme greifen, müssen AkteurInnen alternative Projekte entwerfen oder Vorstellungen an die konkrete Situation anpassen. Dieser Vorgang fördert den Grad der Reflexivität und impliziert damit ein höheres Maß an Kreativität (vgl. ebd.: 973). Damit lässt sich „Agency als eine graduierte Qualität" (Scherr 2012: 113) bestimmen, was zu einer Auflösung der „Scheinalternative (...) soziale Bestimmtheit vs. individuelle Selbstbestimmungsfähigkeit" (ebd.) führt.

Der Mensch ist innerhalb dieses Konzeptes zwar somit immer handlungsfähig (vgl. ebd.), jedoch ist zu untersuchen, ob sich seine Handlungsfähigkeit lediglich auf die Bewältigung des Alltags beschränkt oder ob er innerhalb der gegebenen Bedingungen fähig ist, alternative Handlungsoptionen und Zukunftsperspektiven zu entwerfen (vgl. ebd.). Durch die zeitliche Konzeption und der Untersuchung des Zusammenspiels der drei Orientierungen erfasst das Konzept die Komplexität von menschlichen Handlungsentscheidungen und vermeidet dadurch einen Fokus auf gewohnheitsmäßige Handlungen wie bei Bourdieu und Giddens als auch eine Überbetonung von zielgerichteten Handlungen (vgl. Emirbayer/Mische 1998: 963).

Emirbayer und Mische (1998) sehen die Möglichkeit von Agency in den Strukturen und Prozessen des menschlichen Selbst angelegt (vgl. ebd.: 974). Agency kann von Kontexten behindert oder ermöglicht werden; der Ursprung von Handlungsfähigkeit muss jedoch beim menschlichen Selbst angesiedelt werden (vgl.

ebd.). Das Selbst ist allerdings keine metaphysische Substanz oder Einheit, sondern als dialogische Struktur als vollständig relational zu betrachten (vgl. ebd.). Damit wird die Verortung des Konzeptes in die relationale Sozialwissenschaft als auch die Abgrenzung von Annahmen über Handlungsfähigkeit als gegebene Eigenschaft eines Akteurs, deutlich (vgl. Scherr 2013: 233f.). Identität wird selbst als „Moment bestimmter sozialer Konstellation" (ebd.: 233) begriffen und ist damit sozial bedingt und beeinflusst. Agency ist also keine Eigenschaft eines Akteurs, sondern wird in bestimmten Situationen als Produkt des Zusammenspiels von persönlichen Dispositionen und strukturellen Bedingungen und in unterschiedlicher Ausprägung, erlangt (vgl. Biesta/Tedder 2006: 27; Scherr 2013: 108). Vor diesem skizzierten Hintergrund definieren Emirbayer und Mische (1998) Agency weiter

> „as the temporally constructed engagement by actors of different structural environments – the temporal-relational contexts of action – which, through the interplay of habit, imagination, and judgment, both reproduces and transforms those structures in interactive response to the problems posed by changing historical situations." (ebd.: 970).

Agency bedeutet also die Fähigkeit von AkteurInnen, Einfluss auf relational-zeitliche Kontexte, in die sie selbst eingebettet sind, zu nehmen, indem sie (Handlungs-)Bedingungen als Antwort auf aktuell vorzufindende Probleme, reproduzieren oder verändern. Dies geschieht auf Grundlage ihrer, selbst als soziales Moment zu begreifender Identität und ihren Dispositionen im Zusammenspiel mit den kontextualen Bedingungen, auf die sie, durch eine dominante zeitliche Orientierung an Vergangenheit, Zukunft oder Gegenwart, mit ihren Handlung(-sentscheidungen) Einfluss nehmen können. Bei Scherr (2012) findet sich eine hilfreiche deutsche Übersetzung der Definition von Emirbayer und Goodwin (1994) demnach Agency als

> „die Fähigkeit sozial eingebetteter Akteure, sich kulturelle Kategorien sowie Handlungsbedingungen auf der Grundlage persönlicher und kollektiver Ideale, Interessen und Überzeugungen anzueignen, sie zu reproduzieren sowie potentiell zu verändern"

definiert wird (Scherr 2012: 108).

Agency muss dabei als Interaktionsprozess gesehen werden, da Agency immer „agency *toward* something" (Emirbayer/Mische 1998: 973) ist.[61] Die AkteurInnen

---

61 Auch in diesem Punkt wird der relationale Ansatz von Emirbayer und Mische (1998) deutlich. Bei Homfeldt et al. 2008 findet sich eine Unterscheidung von drei konzeptuellen Zugängen zu Agency. Dabei wird das Konzept von Emirbayer und Mische (1998) als interaktionistisches Konzept, Giddens Konzept als strukturorientiertes Konzept und schließlich das Konzept von Amartya

treten in Beziehung mit Menschen, Orten oder Ereignissen in ihrer Umwelt und befinden sich damit in dauerhafter Konversation und Auseinandersetzung mit den ihn umgebenden Kontexten (vgl. ebd.). Agency ist folglich ein dialogischer Prozess, „mit dem und durch den Handelnde in zeitliche Übergänge von Vergangenheit, Gegenwart und Zukunft mit Anderen im Rahmen von Handlungskontexten und –optionen (ein-)treten“ (Aliena/Hirschler 2008: 241; vgl. auch Emirbayer/Mische 1998: 974).

Der Mehrwert der Konzeption von Emirbayer und Mische (1998) lässt sich zusammenfassend also in der Schaffung der Möglichkeit, soziale Bedingungen differenziert und im Zusammenspiel mit individuellen Dispositionen zu untersuchen, beschreiben. Dies geschieht durch eine Verzeitlichung von Agency, wodurch eine „sich widersprüchliche(...) Gleichzeitigkeit von sozialer Bestimmtheit und Selbstbestimmungsfähigkeit“ (Scherr 2012: 111) angenommen wird. Damit beziehen die AutorInnen klar Position zwischen einer subjekttheoretischen Überbetonung von individueller Selbstbestimmung und einer deterministischen Sichtweise von sozialen Strukturen. Sie erlauben damit eine Untersuchung von Handlungsfähigkeit, die in unterschiedlichen Strukturen auf Grundlage von persönlichen Dispositionen in unterschiedlicher kreativer Ausprägung ermöglicht oder eingeschränkt wird.

3.2.3 Implikationen für die empirische Analyse von Agency

Maßgeblich bei der empirischen Untersuchung von Agency ist wie bereits dargelegt, die analytische Trennung von Struktur und Agency (vgl. Emirbayer/Mische 1998: 1004). Zentral ist hierbei die „double constitution of agency and structure“ (ebd.). Dabei gehen die AutorInnen davon aus, dass bestimmte zeitlich-relationale Kontexte bestimmte zeitliche Orientierungen als Antwort auf diese hervorrufen, welche wiederum die Beziehung und den Einfluss von AkteurInnen auf deren Umgebung verändern bzw. konstituieren (vgl. ebd.). Wichtig für die Analyse ist eine Unterscheidung der von den AutorInnen verwendeten Termini: so sind die zeitlichen Orientierungen als konkrete empirische Antwort auf gegebene Strukturen zu verstehen und variieren in ihrem Erscheinungsbild je nach Dominanz des Zeitbezuges (vgl. ebd.). Agency hingegen ist als Dimension zu konzipieren, die in jeder menschlichen Handlung und Situation zu finden ist. Die AutorInnen charakterisieren soziale Prozesse als bedingt und geformt von zeitlich-relationalen Kontex-

Sen (2000), welches sich vor allem mit Agency im Zusammenhang von Bewältigung und Bekämpfung von Armut beschäftigt, als sozialpolitisches Konzept eingeordnet (vgl. Homfeldt et al. 2008: 9f.).

ten auf der einen Seite sowie von menschlicher Handlungsfähigkeit auf der anderen Seite (vgl. ebd.: 963, 1004). Durch die Konzeption dieser Synthese sind soziale Prozesse also nie völlig losgelöst von Struktur und den Kontexten, in denen sie stattfinden, zu betrachten. Gleichzeitig sind sie aber auch nicht vollständig determiniert und (vor-) strukturiert von diesen, da Handlungsfähigkeit als dynamisches, temporal zu betrachtendes Element ebenso konstituierend wirkt (vgl.: ebd.).

Die Aufgabe und Herausforderung einer empirischen Analyse von Agency ist demnach zunächst die Analyse der zwei voneinander getrennten analytischen Elemente, um darauffolgend das Zusammenspiel und die Wechselwirkung von unterschiedlichen zeitlichen Orientierungen als Ausdruck von Agency bei Individuen und den Kontexten, in welchen diese beobachtbar sind, zu untersuchen (vgl. ebd.: 1005). Indem Veränderungen in den zeitlichen Orientierungen, die gemäß der *double constitution of agency and structure* wiederum Einfluss auf die Beziehung von AkteurInnen zu ihrer Umwelt ausüben, erklärt werden, kann Handlungsfähigkeit von sozial eingebetteten Akteuren entsprechend bestimmt werden (vgl. ebd.). Scherr (2013) sieht analog dazu die Bestimmung von Agency in der Untersuchung, „wie Akteure ihre jeweiligen Identitäten, Motive, Absichten und damit ihre jeweilige Handlungsfähigkeit in Abhängigkeit von ihrer Situierung in sozialen Strukturen bzw. sozialen Beziehungen hervorbringen." (ebd.: 234).

Emirbayer und Mische (1998) leiten aus den aufgeführten Überlegungen und ihrem Verständnis von Agency drei Fragen für eine empirische Analyse von Agency ab (vgl. ebd.: 1005ff.). In ihrer ersten Frage richten sie den Blick auf die spezifischen zeitlich-relationalen Kontexte, indem sie danach fragen, wie unterschiedliche Kontexte bestimmte zeitliche Orientierungen fördern (vgl. ebd.: 1005: „*How do different temporal-relational contexts support (or conduce) particular agentic orientations*?"). Dabei geht es darum, herauszufinden, welche Kontexte welche Ausprägung und damit welches Ausmaß an kreativer Handlungsfähigkeit ermöglichen und begünstigen (vgl. ebd.).

In der zweiten Frage verlegen die AutorInnen den Fokus von den Kontexten hin zu den zeitlichen Orientierungen von Agency. Sie fragen danach, wie sich eine Änderung der zeitlichen Orientierung auf die Beziehung des AkteurInnen zu ihrer Umwelt auswirkt (vgl. ebd.: 1008: „*How do changes in agentic orientations allow actors to exercise different forms of mediation over their contexts of action?*"). Es geht also darum zu schauen, wie AkteurInnen versuchen, Einfluss auf den strukturellen Kontext zu nehmen, indem sie ihre Handlungen verändern und diese wahlweise eher an der Vergangenheit, an der Zukunft oder der Gegenwart ausgerichtet sind. Agency wird hier als die Fähigkeit zur Änderung der zeitlichen Orientierung als Reaktion auf Situationen, verstanden. Die AutorInnen erwähnen hier wieder die Möglichkeit der AkteurInnen, sich gleichzeitig in unterschiedlichen Kontexten zu bewegen. Dies führt zu der Tatsache, dass AkteurInnen in manchen Situationen sehr kreativ und strukturverändernd sind, gleichzeitig in anderen Kontexten Strukturen reproduzieren (vgl. ebd.: 1008). Ein weiteres Stichwort innerhalb dieser Fragestellung sind nicht intendierte Konsequenzen, die unter anderem durch Handlungen hervorgerufen werden, die in einem Kontext als angemessen und effizient erscheinen, jedoch unerwartete Auswirkungen in anderen Kontexten mit sich bringen (vgl. ebd.). Zusätzlich bleibt die Diskrepanz zwischen der vermuteten und gewünschten Wirkung einer Handlung und des tatsächlichen Erfolgs (im Sinne einer Erhöhung von Handlungsfähigkeit) zu untersuchen.

In der dritten Frage geht es Emirbayer und Mische (1998) um die Wahrnehmung und Selbstreflexion der eigenen Handlungsfähigkeit. Dabei fragen sie, wie AkteurInnen ihre zeitlichen Orientierungen rekonstruieren und bewerten und dabei, durch eine mögliche Änderung derer, wiederum ihren Einfluss auf den strukturellen Kontext verändern können (vgl. ebd.: 1009: „*How do actors reconstruct their agentic orientations and thereby alter their own structuring relationships to the contexts of action?*“). Dabei gehen sie von Individuen aus, die ihre eigenen Handlungen als Reaktionen auf bestimmte Situationen einer reflexiven und kritischen Betrachtung unterziehen können (vgl. ebd.: 1010). Abschließend formulieren Emirbayer und Mische (1998) die Annahme, dass sich AkteurInnen durch Beurteilung ihrer eigenen Handlungen bzw. der dort vorzufindenden zeitlichen Orientierungen, von gewohnheitsmäßigen Mustern lösen können und damit wiederum die Fähigkeit erhöhen, Strukturen nicht nur zu reproduzieren, sondern zu verändern.

Folglich ist festzuhalten, dass bei einer Analyse von Agency also die Verschränkung von Struktur und Individuum, genauer gesagt von sozialer Bestimmtheit und individueller Selbstbestimmung, zu untersuchen ist. Die Handlungen von AkteurInnen müssen analytisch detailliert betrachtet werden, um Veränderungen erfassen und verstehen zu können und damit Einblick in die Formen und Ausprägungen von Agency sowie dessen Bedingtheit durch und ihren Einfluss auf strukturelle Kontexte, zu erhalten. Es müssen Bedingungen untersucht werden, welchen Akteuren ermöglichen, auf kreative Art ihre Handlungsfähigkeit auszuüben und sich von gewohnheitsmäßigen Handlungsschemata zu lösen. Emirbayer und Mische (1998) geben dabei mit ihrer Konzeption einen hilfreichen Anhaltspunkt, anhand dessen empirische Forschung betrieben werden kann. Scherr (2013) sieht den Gewinn einer solchen Perspektive wie sie bei Emirbayer und Mische (1998) zu finden ist,

> „in der Aufforderung (…), die sozialen Strukturen und Prozesse zu analysieren, durch die Individuen und soziale Gruppen als je besondere Akteure mit je kontextabhängigen Identitäten, Interessen und Motiven mit einer je kontextabhängigen Handlungsfähigkeit hervorgebracht werden so-

wie zu untersuchen, was jeweilige Ausprägungen von Agency als in sich widersprüchliche Gemengenlage von sozial bedingten Handlungsdispositionen und kreativer Handlungsfähigkeit kennzeichnet“ (Scherr 2013: 236).[62]

62 Wie dies konkret am Forschungsgegenstand „geduldete Flüchtlinge“ mithilfe von narrativen Interviews geschieht, wird unter 5.4 näher beleuchtet.

4 Aktueller Forschungsstand

Nachfolgend wird die derzeitige Forschungslage in Hinblick auf das Forschungsinteresse aufgearbeitet. Dabei wird nicht auf die übergreifende Migrationsforschung eingegangen, welche sich interdisziplinär mit dem Phänomen der Migration auseinandersetzt, sondern sozialwissenschaftliche Literatur, die sich explizit mit Flüchtlingen beschäftigt und im Hinblick auf das Forschungsinteresse relevant ist, behandelt. Dazu wird skizzenhaft ein Überblick über die Literatur zum Forschungsgegenstand Flüchtlinge bzw. unterschiedlicher Personengruppen innerhalb von Flüchtlingen mit einem Schwerpunkt auf geduldete Flüchtlinge, gegeben. Danach werden die wenigen Studien zur Handlungsfähigkeit von (geduldeten) Flüchtlingen ausführlicher dargestellt. Aus dieser Überschaubarkeit von Forschung und der mangelnden empirischen Anwendung der hier verwendeten Agency-Konzeption in der deutschsprachigen Literatur lässt sich ein Forschungsbedarf ermitteln, der dieses Kapitel abschließt.

Betrachtet man das Forschungsfeld Flüchtlinge in Deutschland unter einem generelleren Blickwinkel, lassen sich Publikationen zu unterschiedlichen Lebensbereichen der Flüchtlinge aufzählen. Diesen Studien ist gemeinsam, dass sie häufig relativ beschreibend die Situation von Flüchtlingen darstellen und die Forschungsresultate selten mit theoretischen Überlegungen aus den Sozialwissenschaften verknüpft werden. Zudem wird oftmals keine Unterscheidung von Flüchtlingen mit sicherem und Flüchtlingen mit unsicherem Aufenthaltsstatus gemacht. Vielfach finden sich Veröffentlichungen, die rechtliche Rahmenbedingungen hinsichtlich alltagspraktischer Konsequenzen näher beleuchten (vgl. Täubig 2009: 76), wie Kühne (2001) in seiner Publikation „Zur Lage der Flüchtlinge in Deutschland." Häufig werden dabei einzelne Lebensbereiche wie etwa der Arbeitsmarkt sowie die Lage in einzelnen Städten bzw. Regionen betrachtet. Eine umfassende Betrachtung von beruflicher Integration geduldeter Flüchtlinge aus der Perspektive der Forschung, der Politik und der Projektpraxis findet sich beispielsweise im 2014 erschienenen Sammelband von Gag und Voges „Inklusion auf Raten. Zur Teilhabe von Flüchtlingen an Ausbildung und Arbeit", welcher sich mit vielfältigen Ausgrenzungsmechanismen, die bei Flüchtlingen ohne gesicherten Aufenthaltsstatus zum Tragen kommen, beschäftigt (vgl. Gag/Voges 2014). Des Weiteren sind vor allem Publikationen der Flüchtlingsräte der Bundesländer,

Pro Asyl sowie den Wohlfahrtsverbänden zu nennen, welche sinnvoll aufbereitete Informationen über die Lage von Flüchtlingen in verschiedenen Lebensbereichen unter Berücksichtigung der rechtlichen Rahmenbedingungen, liefern. Literatur zum Thema psychischen und traumatischen Belastungen und Störungen finden sich wie weiter unten erwähnt häufig in Bezug auf minderjährige Flüchtlinge und Flüchtlingskinder (vgl. Johansson 2013), in Hinblick auf erwachsene Flüchtlinge sind diese eher in der Psychologie in Bezug auf psychotherapeutische Behandlungen zu finden (vgl. ebd.). Ein Werk, welches neben einer psychotherapeutischen auch eine psychosoziale Versorgung von MigrantInnen und Flüchtlingen vor dem Hintergrund von gesundheitlichen Beeinträchtigungen dieser Gruppe, eingeht, ist das von Wolfgang Bautz 2009 herausgegebene Werk „Entwurzelt, ausgegrenzt, erkrankt. Psychotherapeutische und psychosoziale Versorgung von Asylsuchenden."

Generell lässt sich feststellen, dass eine fachliche Diskussion im Bereich Flüchtlinge und Flüchtlingssozialarbeit derzeit nicht sehr ausgeprägt ist. Im Gegensatz zur Lebenswelt anderer AdressatInnen der Sozialen Arbeit, welche eingehender beleuchtet wird, finden sich vergleichsweise wenige Studien zur Lebenslage und Alltagsbewältigung von Flüchtlingen, die über eine Beschreibung der prekären ausländerrechtlichen Situation hinausgehen. In diesem Zusammenhang ist auf Fritz und Groner (2004) zu verweisen, welche die Beschreibung der Rahmenbedingungen mit konkreten Lösungs- und Handlungsansätzen für die Soziale Arbeit verknüpfen. Eine größere Anzahl an Veröffentlichungen im Bereich der Flüchtlingssozialarbeit findet sich vor allem in den 1990er Jahren, was sich unter anderem auf die damals rasant ansteigende Zahl von Asylsuchenden im Zusammenhang mit dem Zerfall des ehemaligen Jugoslawiens und den Balkankriegen zurückführen lässt (vgl. Täubig 2009: 77). Aus dieser Beobachtung und der derzeitigen Entwicklung der Zahl der Asylsuchenden lässt sich die Vermutung ableiten, dass in nächster Zeit eine umfassendere und ausführlichere wissenschaftliche Beschäftigung mit diesem Thema stattfinden wird, ganz zu schweigen von einer Notwendigkeit dieser.

Seit der Jahrtausendwende findet sich verstärkt Literatur zu unbegleiteten minderjährigen Flüchtlingen. Zu nennen sind aus rechtlicher Perspektive aktuell beispielsweise Schmieglitz (2013) und Ehring (2013), welche die rechtliche Stellung unbegleiteter minderjähriger Flüchtlinge in Deutschland ermitteln. Eine Vielzahl der Publikationen zielt auf Spezifika und Standards der Sozialen Arbeit mit minderjährigen Flüchtlingen ab, wie beispielsweise das neu erschienene Werk von Schöning (2014), das viel zitierte Sammelwerk von Balluseck (2003) sowie die Veröffentlichungen von Stauf (2012) und Hargasser (2013), welche sich mit institutionellem Handeln in der Jugendhilfe mit unbegleiteten minderjährigen Flücht-

lingen beschäftigen. Die wissenschaftliche Behandlung von begleiteten Flüchtlingskindern konzentriert sich bis jetzt vor allem neben rechtlichen Analysen wie die von Kauffmann und Riedeslheimer (2010) zur Situation der Kinder nach Rücknahme der Vorbehalte,[63] auf psychische Belastungen, Traumata und deren Bewältigung (vgl. Johannson 2013). Ebenso finden sich Studien über den Zugang zu Bildung von jungen Flüchtlingen wie bei Krappmann et al. (2009), welche in einer umfangreichen Publikation Grundlagen und Perspektiven der Umsetzung des Menschenrechtes auf Bildung für junge Flüchtlinge in Deutschland aufzeigen, bei Studnitz (2011) sowie im Aufsatz von Barth (2011) zur Bildungssituation von jungen Flüchtlingen aus der Sicht der Betroffenen. Umfangreichere systematische sozialwissenschaftliche Studien zu Lebenslagen, zum Aufwachsen sowie zu Entwicklungsverläufen, welche verstärkt die Wahrnehmung der betroffenen Kinder und Jugendlichen einbeziehen, stehen jedoch noch aus (vgl. ebd.).
Eine weitere Gruppe von Flüchtlingen stellen Personen ohne legalen Aufenthaltstitel dar, die in der rechtlichen Illegalität in Deutschland leben. Die Charakteristika des Forschungsgegenstandes erschweren den Zugang zum Feld, weshalb sich in diesem Teilbereich wenig generelle Literatur, sondern vorrangig kleinere qualitative und lokal begrenzte empirische Studien, findet (vgl. Worbs 2005: 4). Einen umfassenden Einblick in die Lebensbedingungen von Flüchtlingen ohne legalen Aufenthaltstitel in Berlin, München und Leipzig vermittelt beispielsweise die Feldstudie von Alt (2003), welcher mithilfe von einer Vielzahl von Interviews und teilnehmender Beobachtung unterschiedliche zentrale Aspekte der illegalen Migration und vom „Leben in der Schattenwelt" (ebd.) erstmalig in einem solchen Umfang, herausarbeitet.

Tragen diese Studien zu einem erweiterten Verständnis von Lebens- und Problemlagen von Flüchtlingen und damit verbundenen sozialarbeiterischen und politischen Konsequenzen bei, ist der Forschungsstand zur Handlungsfähigkeit von (geduldeten) Flüchtlingen rar (vgl. Täubig 2009: 76). Untersuchungen vom Alltag von Personen mit ungesichertem Aufenthaltsstatus gehen von einem „hohen Bedarf an psychosozialer Betreuung" (ebd.) dieser aufgrund des Fluchthintergrundes und der multiplen rechtlich-sozialen Ausgrenzungen, aus. Dabei wird den Flüchtlingen häufig eine Opferrolle zugeschrieben (vgl. ebd.: 77; Seukwa 2010: 4). Studien, die explizit positive Handlungsmöglichkeiten und subjektive Handlungsfähigkeit von Personen mit ungesichertem Aufenthaltstitel, welche unter erschwerten Bedingungen in Deutschland leben, thematisieren, finden sich kaum. Marion

63 Im Mai 2010 nahm die Bundesregierung die 1992 getroffenen Vorbehalte bei der Ratifizierung der UN-Kinderrechtskonvention zurück. Damit gelten, zumindest rechtlich betrachtet, Kinderrechte nach der UN-Konvention nun auch für Flüchtlingskinder und –jugendliche (vgl. PRO ASYL e.V. 2010).

Lillig (2004) ermittelt mithilfe eines biographischen Zuganges die Handlungsmöglichkeiten von AsylbewerberInnen in Deutschland. Dabei untersucht sie die Partizipation der Flüchtlinge in Anlehnung an den Gesellschaftsbegriff nach Hillmann (1991) in den gesellschaftlichen Teilkomponenten Arbeit, Kommunikation und „stabile soziale Kooperation mit den Faktoren Wohnsituation, Grundleistungen, Gesundheitsvorsorge und Schule“ (ebd.: 21). Nach Auswertung der 14 episodischen Interviews schlussfolgert sie, dass „Asylbewerber (…) in unserer Gesellschaft keine legalen Handlungsmöglichkeiten [haben]“ (ebd.: 129) und man allenfalls von „Bewältigungsstrategien des Alltags“ (ebd.) sprechen kann. Die Autorin konzipiert die persönliche Handlungsfähigkeit als unterbunden und reglementiert durch eine restriktive Asylpolitik.

Vicky Täubigs (2009) viel zitiertes Werk „Totale Institution Asyl. Empirische Befunde zu alltäglichen Lebensführungen in der organisierten Desintegration“ stellt im Bereich der Untersuchung von Handlungsmöglichkeiten von Flüchtlingen Neuland dar. Die Autorin fasst die Lebenssituation von AsylbewerberInnen in Deutschland als „organisierte Desintegration“, was durch die Verortung der Lebenssituation „Asyl“ im Dreieck zwischen der restriktiven rechtlichen Situation, der totalen Institution nach Erving Goffmann und der Migrationserfahrung, hergeleitet und begründet wird. Täubig (2009) greift auf Giddens Dualität von Struktur und Handeln zurück, indem sie Strukturen als menschliches Handeln beeinflussend, aber ebenso strukturiert durch dieses, beschreibt (vgl. ebd.: 67). Zur Bearbeitung der Frage, wie AsylbewerberInnen ihr Leben führen, wird auf das sozialwissenschaftliche Konzept der „Alltäglichen Lebensführung“ nach Werner Kudera und Günter Voß zurückgegriffen. Die alltägliche Lebensführung ist in die drei Kategorien „Raum-, Zeit- und Beziehungsmachen“ unterteilt (vgl. ebd.: 69ff.), welche ausführlich in den sechs durchgeführten narrativen Interviews mit AsylbewerberInnen untersucht und dargestellt werden. Positiv hervorzuheben ist hierbei der subjektorientierte Zugang der Autorin, welcher die „Alltäglichen Lebensführungen von Asylbewerbern und ‚Geduldeten‘ als individuelle Leistung und nicht die organisierte Desintegration“ (ebd.: 75) in den Vordergrund stellen. Im Ergebnisteil arbeitet Täubig (2009) ein Tätigkeitsrepertoire innerhalb der untersuchten Kategorien der Interviewten heraus, welches im Gegensatz zur Wahrnehmung des „Nichtstun“ durch die AsylbewerberInnen selbst, steht. Dennoch betont die Autorin die durch das Wohnen in einem Asylbewerberheim entstehende Segregation zwischen AsylbewerberInnen und der deutschen Bevölkerung, welche sich auf die alltägliche Wahrnehmung der InterviewpartnerInnen von ihrer Zeit in Deutschland negativ auswirkt. Hinsichtlich der Migrationstheorien, welche Emigration als entscheidendes Erlebnis konzipieren, konstatiert die Autorin bei ihren Interviewpartnern eine andere Wahrnehmung: so sehen die InterviewpartnerInnen ihre Flucht und Emigration als biographischen Bruch, ihre gegenwärtige

Situation jedoch als biographische Ausnahmesituation. So zeigen die Ergebnisse, dass die befragten AsylbewerberInnen bei ihrer Ankunft in Deutschland nicht jegliche Handlungsorientierungen im Sinne einer absoluten Entwurzelung verlieren, sondern dass bereits in der Vergangenheit vorherrschende Sinnbezüge wirksam sind und diese die „Alltägliche Lebensführung" konstituieren (vgl. ebd.: 228f.). Indem die Autorin die Flüchtlinge als ihr Leben „Führende" (vgl. ebd.: 252) betrachtet und eine Entwurzelung dieser in Frage stellt (sondern eher eine biographische Konsistenz entdeckt), leistet sie einen wichtigen Beitrag zu einem Perspektivenwechsel in der Forschung sowie im praktischen Umgang mit Flüchtlingen.

Eine weitere relevante Studie, die in dieselbe Richtung weist, stellt die von Henri Louis Seukwa im Rahmen eines DFG-Sonderforschungsbereiches durchgeführte und 2006 als „Der Habitus der Überlebenskunst" erschiene Studie, dar. In dieser wird der Kompetenzbegriff vor dem Hintergrund von in Hamburg lebenden afrikanischen Flüchtlingen und deren Bildungsbemühungen, behandelt. Exemplarisch zeigt Seukwa (2006) den Fall eines jugendlichen Flüchtlings, welcher sich erfolgreich im Hamburger Bildungssystem behauptet. Im Rahmen der Untersuchung kristallisiert Seukwa vielfältige Operationsmodi und Aktionsschemata heraus, welche Flüchtlinge unter repressiven Rahmenbedingungen entwickeln, um handlungsfähig zu bleiben bzw. zu werden. Diese Kompetenz, „selbst in Situationen extremer Fremdbestimmung Formen der Selbstgestaltung zu entfalten und Bildungserfolge zu erzielen" (Seukwa 2010: 7) bezeichnet der Autor als „Habitus der Überlebenskunst" (vgl. ebd.). In der Untersuchung wird die Bedeutung von mitgebrachten Kompetenzen und deren Aktualisierung und Kontextualisierung ersichtlich. Mit diesen Erkenntnissen und der Konzeption von Flüchtlingen als handlungsfähige Subjekte innerhalb repressiver Bedingungen, trägt auch Seukwa zu einer Umorientierung des Blickwinkels auf Flüchtlinge, bei.

Eine konkrete Anwendung des sozialwissenschaftlichen Agency-Konzeptes in Bezug auf die Lebensrealität von Flüchtlingen findet sich bei Bender et al. (2013), welche im Rahmen eines Forschungsprojektes zur Bedeutung von transnationalen Verbindungen für die Lebenssituation und -bewältigung von Menschen mit Migrationshintergrund untersuchen, wann innerhalb biographischer Verläufe sowie konkreten Lebenssituationen Agency eingeschränkt, vorhanden oder wiederhergestellt wird. Bei der Auswertung der zehn durchgeführten qualitativen Leitfaden-Interviews mit Personen, welche nach Deutschland geflüchtet sind, zielen sie vor allem auf das subjektive Erleben von Agency durch die Akteure, ab (vgl. ebd.: 257). Im Laufe ihrer Analyse arbeiten sie dabei vier Dimensionen zur Analyse von Agency heraus: die „Dimension des Erlebens, aktuell über Möglichkeiten selbstständigen Handelns zu verfügen" (ebd.: 262), welche sie als „Autonomiedimension" (ebd.) fassen. Eine zweite Dimension stellt die „Dimension des Wissens über erschließbare Möglichkeiten der (Wieder-)Herstellung von Agency" (ebd.), gefasst als „Ressourcendimension" (ebd.), dar. Quer dazu liegend konzipieren die Autorinnen zwei weitere Dimensionen, die „Empfindungsdimension" (ebd.) als „Dimension des Erlebens" (ebd.) sowie die „Perspektiv- bzw. Orientierungsdimension" (ebd.) als „Dimension der Ziele" (ebd.). Diese adressieren das Erleben der Akteure in Bezug auf die Erreichung ihrer Ziele. Als Ergebnis halten sie fest, dass Agency als „multidimensionaler Prozess" (ebd.: 271), der sich aus den vier identifizierten Dimensionen konstituiert, verstanden werden muss. Dies impliziert eine mögliche Diskrepanz zwischen dem Erleben von Agency durch die Akteure und der Fremdwahrnehmung dessen. Zentral ist die Identifizierung unterschiedlicher Formen von Agency, welche Bender et al. (2013) als „kollektive, stellvertretende und individuelle Agency-Formen" (ebd.) beschreiben. Mit dieser Studie leisten die Autorinnen einen wichtigen Beitrag zur Empirisierung des Agency-Konzeptes, welches ihnen zufolge immer noch ein erhebliches Forschungsdesiderat in der deutschsprachigen Forschung darstellt (vgl. ebd.: 257). Sie zeigen die Relevanz der Berücksichtigung von Perspektiven des Erlebens und Fühlens der Betroffenen auf. Bezüglich der hier vorliegenden Arbeit ist zu erwähnen, dass die Befragten geflüchtete Personen mit unterschiedlichem rechtlichen Aufenthaltsstatus sind. Hinsichtlich der Agency von Personen mit unsicherem Aufenthaltsstatus stellen die Autorinnen fest, dass dieser „sämtliche Lebensbereiche tangier[t] und das eigene Handlungspotential untergraben [kann]" (ebd.: 264).

Neben dieser empirischen Anwendung bei Bender et al. (2011) findet sich wenig konzeptuelle Empirisierung von Agency (vgl. ebd.).[64] Zu nennen ist in diesem Zusammenhang der von Bethmann et al. 2012 erschienene Sammelband „Agency. Qualitative Rekonstruktionen und gesellschaftstheoretische Bezüge", welche vor dem Hintergrund der Tagung „Handlungsfähigkeit, Handlungsmacht, Agency. Ein Symposium zu Agency-Analyse in der qualitativ-rekonstruktiven Forschung" entstand.[65] Dort werden neben kritischen Theoriebezügen und methodischen Reflexionen konkrete empirische Umsetzungen von Agency-Analyse in der qualitativ-rekonstruktiven Forschung behandelt. Dabei werden Studien und die dabei ent-

64 Weder in der Publikation von Homfeldt et al. (2008) „Vom Adressaten zum Akteur", welche sich kritisch mit dem Begriff der „Adressatenorientierung" in der Sozialen Arbeit befasst, noch in dem von Glöckler (2011) erschienenen Band „Soziale Arbeit der Ermöglichung – ‚Agency'-Perspektiven und Ressourcen des Gelingens," in welcher sich der Autor mit dem professionellen Handeln in der Sozialen Arbeit vor dem Hintergrund von Agency als Handlungsmächtigkeit auseinandersetzt, werden Beispiele oder Hinweise zur empirischen Untersuchung von Handlungsfähigkeit gegeben (vgl. Bender et al. 2011: 258).

65 Die Tagung des Instituts für qualitative Sozialforschung e.V. fand im November 2010 an der Evangelischen Hochschule in Freiburg statt.

wickelten bzw. verwendeten Auswertungsverfahren in Bezug auf Handlungsmächtigkeit von unter anderem psychisch kranken Personen oder Opfern von Menschenhandel aufgezeigt (vgl. Bethmann et al. 2012).

Aus dieser Darstellung lässt sich ein Forschungsbedarf ableiten, auf den diese Arbeit abzielt: So müssen einerseits verstärkt Studien über Flüchtlinge aus einem anderen Blickwinkel durchgeführt werden, um diesen als handelnde Subjekte in sowohl einschränkenden als auch ermöglichenden Strukturen gerecht zu werden und daraus unter anderem eine angebrachte Soziale Arbeit ableiten zu können. Andererseits sind weitere empirische Anwendungen des Agency-Konzeptes anhand von unterschiedlichen Gruppen von Nöten

5 Fragestellung und Methodik

Nach der vorgenommenen Darstellung der theoretischen Grundlagen der Asylpolitik sowie des Agency-Konzeptes werden diese in der Darlegung des Forschungsinteresses und den Forschungsfragen zusammengeführt und nochmals deren Bedeutung für die Untersuchung erkenntlich gemacht (vgl. 5.1). Daraufhin folgt eine Erläuterung der in dieser Arbeit maßgeblichen Methodik. Da die Analyse in den allgemeinen Rahmen der Biographieforschung eingeordnet werden kann, wird auf diese unter 5.2 eingegangen, um danach auf relevante Aspekte und Schritte bezüglich der Datenerhebung und -auswertung einzugehen (vgl. 5.3 und 5.4).

5.1 Das Agency-Konzept und geduldete Flüchtlinge: Forschungsfragen und Ziele der Untersuchung

Ausgehend von der Überlegung, dass, wie unter 2.3 dargestellt, die Situation der Duldung vor allem durch massive Einschränkungen, Fremdbestimmung und geringen Handlungsspielräumen zur Verwirklichung eines selbstbestimmten Lebens gekennzeichnet ist, erscheint es als lohnenswert und ertragreich, ein solches Feld bzw. die sich darin bewegenden Individuen, auf Handlungsfähigkeit zu untersuchen. Eine solche Herangehensweise findet sich wie unter 4. dargestellt, kaum in der derzeitigen Forschung. Die Verwendung der oben dargestellten Agency-Konzeption, welche Agency als kontextuell situierte Fähigkeit des Individuums entwirft, ermöglicht eine Untersuchung jenseits von vorschnellen Zuschreibungen von Passivität und Ohnmacht der Befragten, determinierenden einschränkenden Strukturen als auch der Annahme von Handlungsfähigkeit als dauerhaft vorhandene individuelle Eigenschaft eines Individuums und ist damit geeignet, einen differenzierteren Blick auf den Forschungsgegenstand zu erhalten. Dies scheint bei Betrachtung des Forschungsgegenstandes essentiell: so reicht ein einseitiger Blick auf prekäre und einschränkende Lebensbedingungen nicht aus, um den vorhandenen Fähigkeiten und Potentialen der Flüchtlinge gerecht zu werden. Gleichzeitig darf diesen nicht eine von Strukturen losgelöste individuelle Selbstbestimmung unterstellt und damit die alleinige Verantwortung für das Gelingen ihres Lebens in Deutschland bzw. die Schuld am Scheitern dessen, übertragen werden. Vielmehr ist es nötig, sowohl für Soziale Arbeit als auch die Politik, (soziale) Bedingungen zu identifizieren, die ermöglichend auf die Handlungsfähigkeit von hier in Deutschland lebenden Flüchtlingen wirken. Indem eine Betonung auf das Konzept und den Begriff der Handlungsfähigkeit gelegt wird, soll ein Perspektivenwechsel stattfinden. Es soll kein weiterer Beitrag zur Verdeutlichung der prekären Lebenssituation von geduldeten Flüchtlingen und den daraus entstandenen Mängeln erfolgen,[66] sondern es soll vor allem die unterschiedlich ausgeprägte Handlungsfähigkeit der Befragten, deren Herstellung, Aufrechterhaltung und Einschränkung und die jeweiligen Kontexte, welche diese ermöglichen oder begrenzen, untersucht werden. Vor diesem Hintergrund kann die der Arbeit zugrunde liegende Forschungsfrage im Sinne einer explorativen Herangehensweise als sehr offen und wie folgt formuliert werden:

Wie und in welcher Form sind geduldete Flüchtlinge in Deutschland innerhalb der vorzufindenden Strukturen handlungsfähig?

Um diese übergreifende Forschungsfrage zu beantworten, zielt die Arbeit auf das Verhältnis zwischen den Individuen und den Strukturen in denen diese sich befinden ab, indem untersucht werden soll, welchen Einfluss konkrete Rahmenbedingungen und Kontexte auf die Handlungsfähigkeit der Befragten haben und in welchem Ausmaß diese, entgegen langer Zeit vorherrschender Ansichten, ebenso ermöglichend auf die Handlungsfähigkeit der Individuen wirken können. Es wird betrachtet, unter welchen Voraussetzungen die befragten Personen Handlungsfähigkeit (wieder-)herstellen oder erhalten können und durch welche Bedingungen dies erschwert bzw. verhindert wird. Dabei werden die vorhandenen und genutzten Ressourcen der Personen in den Blick genommen und auf ihren Beitrag zur Handlungsfähigkeit analysiert. Bei der Herausarbeitung von Handlungsfähigkeit wird nach der „Qualität“ (Scherr 2013: 113), also dem (kreativen) Ausmaß und der Ausprägung dieser in den unterschiedlichen Kontexten, gefragt und untersucht, ob und wann Handlungsfähigkeit von geduldeten Flüchtlingen über die „alltägliche lebenspraktische (…) Selbsterhaltung“ (Scherr 2013: 240) hinausgeht und dabei kreative alternative Handlungsmöglichkeiten realisiert werden können. Um die übergreifende Forschungsfrage angemessen beantworten zu können, muss ebenso die Frage nach Prozessen und Strategien zur Erlangung von Handlungsfähigkeit bearbeitet werden. Durch die Wahl der folgend aufgeführten Methoden kann außerdem die Wahrnehmung, Deutung und Interpretation von Handlungsfähigkeit durch die Individuen selbst berücksichtigt werden, welche nach Emirbayer

66 Auch wenn dies als „Nebenprodukt“ in den Ergebnissen auftaucht, sind das nicht Fokus und Erkenntnisinteresse der Arbeit.

und Mische (1998) Aufschluss über aktuelle und vergangene Handlungsfähigkeit sowie deren Herstellung gibt (vgl. ebd.: 1009).

Die Ziele der Untersuchung, die sich aus dem Forschungsstand bzw. –bedarf und den daraus abgeleiteten Forschungsfragen, ergeben, können somit wie folgt zusammengefasst werden: Es soll ein Einblick in den Alltag und die Lebensrealität von geduldeten Flüchtlingen in Deutschland erfolgen. Dabei wird von einer defizitorientierten Perspektive Abstand genommen und explizit die Handlungsfähigkeit in ihren unterschiedlichen Ausprägungen und die Sichtweise der Betroffenen selbst fokussiert. Die Arbeit knüpft dadurch an einen Diskurs in der Sozialen Arbeit an, in welchem verstärkt Augenmerk auf die Handlungsoptionen der Akteure gerichtet wird, um somit von einer defizit- hin zu einer ressourcenorientierten Sozialen Arbeit zu kommen (vgl. Aliena/Hirschler 2008: 246).

Durch die Verwendung des Agency-Konzeptes als theoretischen sowie methodischen Bezugsrahmen wird zudem zu einer Empirisierung dessen beigetragen (vgl. Bender 2013: 257). In einem umfassenden Sinn soll somit ein Beitrag zur Beantwortung der sozialtheoretischen Frage nach dem Verhältnis von individueller Selbstbestimmung und sozialer Determiniertheit und einer angemessenen Bestimmung dessen geleistet werden.

5.2 Sozialwissenschaftliche Biographieforschung

Die der Untersuchung zugrundeliegende Fragestellung nach der Handlungsfähigkeit von geduldeten Flüchtlingen erfordert ein Forschungsdesign, das in der Lage ist, subjektive Sichtweisen und Erfahrungen von Handlungsfähigkeit sowie soziale Zusammenhänge in den Blick zu nehmen. Aufgrund der Komplexität des Forschungsgegenstandes bietet sich deshalb eine rekonstruktive Herangehensweise im Rahmen einer qualitativen Forschung an. Eine solche Untersuchung verbietet es, mit bereits im Vorfeld generierten Hypothesen den Gegenstand zu untersuchen. Vielmehr verlangt sie eine verstehende und ganzheitliche Erfassung der sozialen Wirklichkeit, in deren Zentrum die Rekonstruktion der Weltsicht der dort Handelnden steht (vgl. Thielen 2009: 83). Dies soll in dieser Arbeit mit einem biographisch orientierten Zugang erfolgen. Die sozialwissenschaftliche Biographieforschung als Forschungsansatz der qualitativen Sozialforschung beschäftigt sich mit der Rekonstruktion von Biographien und Lebensverläufen. Dabei liegt die Überlegung zugrunde, durch biographisches Datenmaterial einen einzigartigen Zugang zu individuellen Deutungsmustern und Sinnkonstruktionen und damit zur sozialen Wirklichkeit und deren komplexen Zusammenhängen, zu erhalten (vgl. Fuchs-Heinritz 2009: 9). Der Ansatz findet in Deutschland vor allem seit den 1970er Jahren erneut Beachtung und Anwendung in den Sozialwissenschaften (vgl. ebd.:

116ff.; Sackmann 2013: 33ff.).[67] Biographie wird dabei als „sinnhaftes Handeln eines Subjektes in einer durch einen Lebensprozess vorgegebenen Zeitstruktur" (Sackmann 2013: 53) verstanden. Das sinnhafte biographische Handeln umfasst dabei auch antizipierende Entscheidungen und Selbstreflexionen. Der Begriff biographische Kompetenz meint in diesem Rahmen die „praktische, meist nur halbbewusste Steuerung des Prozesses biografischen Handelns" (vgl. ebd.).[68] Wolfgang Fischer und Martin Kohli (1987) plädieren dafür, eben dieses biographische Handeln im Spannungsfeld von gesellschaftlicher Abhängigkeit und individueller Selbstbestimmung zu verorten und zu analysieren (vgl. ebd.: 34). Nach Kohli wird mithilfe der biographischen Forschung Subjektivität in die Wissenschaft miteinbezogen und berücksichtigt. Darin sieht er als Konsequenz und Vorteil den Bezug auf Sinn, die wissenschaftliche Wahrnehmung von Sinnstrukturen der Befragten, von individuellen Besonderheiten in Lebensverhältnissen sowie von individuellen Handlungsbeiträgen des Subjekts (vgl. Fuchs-Heinritz 2009: 119). Diese Eigenschaften erscheinen als sinnvoll und notwendig für eine angemessene Betrachtung und Untersuchung von individueller Handlungsfähigkeit im Rahmen des Agency-Konzeptes.

Fuchs-Heinritz (2009) zählt eine Reihe von charakteristischen Forschungszielen auf, im Rahmen derer die biographische Forschung häufig verwendet wird (vgl. ebd. 128ff.). Hier sollen die für diese Untersuchung bedeutsamen Ziele und Zwecke knapp aufgezeigt werden, um die Entscheidung für den biographischen Ansatz zu verdeutlichen. Eines der genannten Ziele ist dabei, den untersuchenden SozialwissenschaftlerInnen Einblick in eine soziale Wirklichkeit zu geben, die ihnen weder durch persönliche Involvierung noch durch sozialwissenschaftliche Theorien und Begriffe anschaulich und in ausreichendem Maße präsent und zugänglich sind. Dabei kommt es idealerweise zu einer Erweiterung ihres „Verstehenshorizont" (ebd.: 129) und damit zu neuen (wissenschaftlichen) Fragestellungen (vgl. ebd.: 130). Zudem soll im Rahmen einer biographischen Forschung in die „soziale und kulturelle Debatte über das richtige Leben und die Zukunft der Gesellschaft" (ebd.: 130) eingegriffen werden. Dies kann durch die Veröffentlichung biographischen Materials bzw. dessen Interpretation geschehen. Dadurch soll das öffentliche Verständnis von z.B. stigmatisierten Gruppen und deren Sinnhorizonten und Lebensentwürfen durch Einblick in verschiedenartigen und von

67 Für eine ausführliche Darstellung zur geschichtlichen Entwicklung siehe Fuchs-Heinritz (2009: 85ff.), welcher den Beginn der Biographieforschung in der Soziologie mit der Arbeit von Thomas und Znaniecki über den polnischen Bauern Wladnek aus dem Jahr 1918 sieht (vgl. Fuchs-Heinritz 2009: 88).

68 An dieser Stelle wird nicht näher auf diese sowie weitere Konzepte innerhalb der Biographieforschung, wie beispielsweise die biographische Linie (vgl. Sackmann 2013: 54) eingegangen, da in der Arbeit zwar die Biographieforschung mit den dazu gehörigen Methoden als allgemeiner Rahmen dient, die analytisch untersuchten Konzepte jedoch die der Agency-Theorie darstellen.

der eigenen Lebenswirklichkeit abweichenden Lebensrealitäten, erhöht werden. Biographisches Material und dessen Interpretation kann weiter dazu beitragen, das Handlungsverständnis und das Handeln einzelner Individuen innerhalb institutioneller Strukturen aufzuzeigen und eine Sicht ‚von innen', vom intentional strukturierten Handlungsraum der Beteiligten aus" (ebd.: 134) zu erreichen. Aufgrund der Beschaffenheit ihrer Daten können mithilfe biographischer Forschung zeitliche Verläufe und damit die „Prozesshaftigkeit des sozialen Lebens" (ebd.: 13) zugänglich gemacht werden.

Innerhalb dieser Forschungsziele lassen sich sowohl eine eher deskriptive Nutzung des biographischen Materials, welches dabei sowohl Datengrundlage und Forschungsergebnis darstellt, als auch eine interpretative Arbeit mit diesem, erkennen (ebd.: 146). Biographische Forschung erweist sich vor allem für Bereiche, in denen noch wenig gesicherte Ergebnisse vorliegen, als wichtig und sinnvoll, um die Theoriebildung voranzutreiben. Die oben dargestellten Prämissen eines einzigartigen Einblickes in soziale Wirklichkeiten durch biographisches Material verlangen dafür geeignete Erhebungs- und Auswertungsverfahren. Dabei wird in der vorliegenden Arbeit vor allem auf Fritz Schützes narratives Interview, das Auswertungsverfahren der Narrationsanalyse und den damit verbundenen Annahmen, zurückgegriffen. Schütze spielte in der Zeit des Wiedererstarkens von biographischen Untersuchungen in den 1970er Jahren neben Werner Fuchs-Heinritz, Martin Kohli und Ulrich Oevermann vor allem im deutschsprachigen Raum eine wichtige Rolle zur Weiterentwicklung dieser (vgl. Sackmann 2013: 53). Zentral bei der Verwendung der Methoden ist die Annahme, dass Erlebnisse und Erfahrungen und damit deren Deutung und Bewertung von Individuen keiner direkten Beobachtung zugänglich sind, sondern nur durch dessen (narrative) Darstellung durch das Individuum.

5.3 Datenerhebung

Im Folgenden wird zunächst das narrative Interview als zentrale Erhebungsmethode der Arbeit vorgestellt. Dabei werden allgemeine Charakteristika, die Fritz Schütze, auf den die Entwicklung der Interviewform zurückgeht, dem Interview zuschreibt, aufgezeigt sowie Kritikpunkte anderer AutorInnen daran, benannt. Außerdem werden Begründungen für die Wahl der Methode sowohl hinsichtlich des Agency-Konzeptes, als auch aufgrund von Besonderheiten des Forschungsgegenstandes, gegeben (vgl. 5.3.1). Danach wird der Zugang zu den Interviewpartnern und dabei aufgetretene Schwierigkeiten nachgezeichnet (vgl. 5.3.2). Das daraus resultierende Sampling ist auf das Verfahren des *theoretical samplings* zurückzuführen und wird in einem nächsten Punkt erläutert (vgl. 5.3.3). Im letzten Punkt wird auf die konkrete Durchführung der Interviews und hierbei zu beachtende Einschränkungen eingegangen (vgl. 5.3.4).

5.3.1 Das narrative Interview

Bei der Auswahl der Interviewmethode war vor allem der gewählte explorative Zugang zum Feld entscheidend. Da das Feld Handlungsfähigkeit von geduldeten Flüchtlingen wie bereits im Kapitel zum Forschungsstand ersichtlich wurde, noch relativ unerforscht ist, sollte möglichst offen und ohne viele Voranahmen Handlungsfähigkeit der untersuchten Personen rekonstruiert werden können. Dabei ist die Vermeidung einer engen Interviewführung essentiell. Mit einer offenen Interviewmethode soll den individuellen Relevanzsystemen und Konstruktionen der Befragten genügend Raum gegeben werden, um damit zu neuen Erkenntnissen und weiterführenden Forschungsfragen zu gelangen (vgl. Bohnsack 2014: 20). Diesem Anspruch wird das narrative Interview von Fritz Schütze gerecht, indem es auf die „Technik" des Erzählens und der Erzählung als Datenquelle basiert. Dabei wird versucht, den „Forschereinfluss" (Schütze 1987: 254) so gering wie möglich zu halten, um somit zu einer adäquaten Erfassung und Analyse von Lebenswelten und ihrer subjektiven Sinndeutung aus Sicht der Erzählenden zu kommen. Dies soll durch die Gestaltung der Erhebungssituation erreicht werden, in welcher die interviewende Person durch einen anfangs gesetzten Erzählstimulus in Form einer Erzählaufforderung zunächst das Rederecht an die Befragten übergibt, die idealerweise daraufhin ihre Lebensgeschichte oder einen für die Untersuchung relevanten Ausschnitt, erzählen. Dadurch soll eine Stegreiferzählung mit alltäglichem Charakter geschaffen werden, welche sich durch ihr spontanes Zustandekommen auszeichnet (vgl. Thielen 2009: 90). Innerhalb dieser Interviewsituation kommt nach Schütze ein dreifacher narrativer Zugzwang zum Tragen: der *Gestaltschließungszwang* sorgt dafür, dass die Erzählenden den Gesamtzusammenhang der Geschichte und die einzelnen Etappen durch die Darstellung aller relevanten Ereignisse rekonstruieren bzw. abschließen. Aufgrund des *Konditionierungszwanges* erfolgt eine Fokussierung der Erzählung und im Rahmen des *Detaillierungszwanges* nehmen die Erzählenden eine Orientierung der Erzählung am tatsächlichen Ablauf sowie einer Verknüpfung einzelnen Ergebnisse und das Einfügen notwendiger Detaillierungen, vor (vgl. Glinka 2003: 86f.). Neben den Zugzwängen des Erzählens finden sich in Schützes Erzähltheorie die kognitiven Figuren des Erzählens, welche als konstitutive Elemente einer Stegreiferzählung gelten (vgl. Küsters 2009: 26). Dies sind ErzählträgerInnen, die meist identisch mit den Ereignis- bzw. BiographieträgerInnen sind; Erzählketten, welche die

Wahrnehmung der Befragten vom Verlauf und inneren Zusammenhang des erlebten Geschehens im Sinne eines Prozesses abbilden, Situationen und soziale Rahmen in Form von Darstellungen von beteiligten AkteurInnen aber auch sozialen Welten, sowie schließlich der Gesamtgestalt der Lebensgeschichte, welche die zentrale Problematik des Geschehens und ihre Entwicklung charakterisiert (vgl. ebd.: 26).

Der Verwendung von Erzählungen als Primärdaten liegt bei Schütze der angenommene Zusammenhang zwischen Erzählung und Erfahrung zugrunde. Dabei nimmt er eine Homologie zwischen der strukturierten Ordnung der Erfahrung und der Struktur der Erzählung an (vgl. Przyborski/Wohlrab-Sahr 2010: 222). Er sieht das Schema der Sachverhaltsdarstellung in der Erzählung als eine Reproduktion der kognitiven Aufbereitung des erlebten Ereignisablaufs, der „innere[n] Form der Erlebnisaufschichtung" (Schütze 1987: 49). Demnach kann durch eine Erzählung Zugang zu erlebter Geschichte, Ereignisverwicklungen und realen Handlungen sowie deren subjektiver Deutung, Bewertung und Wahrnehmung durch das Individuum auf eine beispielslose Weise erfolgen. Entscheidend ist der Prozesscharakter des zu erforschenden Gegenstands, welchen die Erzählenden aus ihrer Perspektive rekonstruieren können (vgl. Przyborski/Wohlrab-Sahr 2010: 222).

Nach der Eingangserzählung des Befragten, welcher dieser idealerweise mit einer Ergebnissicherung beendet, schließt der Teil der immanenten Nachfragen an. Dabei soll das Erzählpotential weiter ausgeschöpft werden, indem bezugnehmend auf die erfolgte Erzählung weitere erzählgenerierende Fragen zu angesprochenen Themen gestellt werden (vgl. Glinka 2003: 15). Scheint das Erzählpotential durch immanente Nachfragen ausgeschöpft, schließt sich der letzte, der exmanente Nachfragteil, an. Hier kann die bzw. der Interviewende beispielsweise Nachfragen zu Beschreibungen von und Kommentaren zu erwähnten AkteurInnen oder sozialen Rahmen stellen sowie eigene Themen einbringen (vgl. ebd.: 148).

Neben der Tatsache, dass der Methode des narrativen Interviews bei der Entwicklung der Biographieforschung eine tragende Rolle zukommt, wird diese in ihren Annahmen ebenso mit Kritik konfrontiert (vgl. Küsters 2009: 29ff.). Diese adressiert unter anderem die Behauptung von der Herstellung einer alltagsweltlichen und natürlichen Kommunikationssituation. Indem jedoch ein überproportional großer Redeanteil bei dem Befragten liegt und damit die in alltäglichen Sprechsituationen gegebene Reziprozität nicht stattfindet, muss auch die Interviewsituation innerhalb eines narrativen Interviews als besonders und künstlich hergestellt, betrachtet werden (vgl. Fuchs-Heinritz 2009: 178). Eine weitere kritische Anmerkung betrifft die Fähigkeit des Erzählens, die laut Schütze als menschliche Basiskompetenz von nahezu allen Personen beherrscht wird und er damit ein Nicht-Zustande-Kommen von Stegreiferzählungen vorrangig aus der Interaktionssituation heraus erklärt (vgl. Küsters 2009: 31). Fuchs-Heinritz (2009) weisen dahingegen auf eine mögliche unterschiedliche verteilte Kompetenz bei Personen hin. Als möglichen Grund führen sie „schichtspezifische Voraussetzungen" (ebd.: 181) auf, welche jedoch nie systematisch untersucht worden sind. Eine weitere häufig geäußerte Kritik betrifft die Annahme des Verhältnisses zwischen Erzählung und Erlebtem und stellt eine Abhängigkeit bzw. den von Schütze postulierten Zusammenhang der Erzählgestalt und des Erzählgegenstandes in Frage (vgl. Küsters 2009: 33). Aufgeführt werden dahingegen in der Interaktionssituation hergestellte Identitätskonstruktionen sowie kommunikative Aspekte, welche die Erzählung anstatt dessen strukturieren (vgl. ebd.). Außerdem wird auf Reflexionsprozesse verwiesen, die zwischen der damaligen Erfahrung und der aktuellen Erzählung liegen und welche eine authentische Reproduktion der damaligen Erfahrungskonstitution verhindern (vgl. ebd.: 34). Trotz der Kritik am Verfahren, die bei der Verwendung und vor allem der Interpretation und Auswertung der Interviews bedacht werden muss, ist das narrative Interview eines der am häufigsten verwendeten Erhebungsmethoden innerhalb der biographischen Forschung (vgl. Fuchs-Heinritz 2009: 116).

In dieser Arbeit spielten neben den eingangs erwähnten Gründen vor allem Überlegungen bezüglich der befragten Personen sowie relevante Aspekte der Theorie eine Rolle in der Entscheidung für ein narratives Interview.[69] Im Zusammenhang mit der Befragung von geduldeten Flüchtlingen sollte eine Ähnlichkeit und damit Erinnerung an Interviewsituationen auf der Ausländerbehörde und vor allem der mündlichen Anhörung im Asylverfahren, vermieden werden. Diese sind bei den Befragten, deren erzählte (Flucht-)Geschichte als nicht glaubwürdig oder „ausreichend" für eine Gestattung des Asylantrages eingestuft wurde, vermutlich mit negativen Erinnerungen besetzt. Deshalb wurden die Befragten im Rahmen dieser Arbeit nicht wie in der mündlichen Anhörung gebeten, ihre (möglicherweise traumatisierenden) Fluchtgeschichte und Erfahrungen im Herkunftsland möglichst detailgenau und lückenlos zu erzählen. Thielen (2009) spricht dabei von einer „Funktionalisierung der lebensgeschichtlichen Erzählung" (ebd.: 96) die der Bearbeitung der Asylanträge dient und damit existentielle Bedeutung innehat. Es wurde deshalb bewusst nur nach dem Leben in Deutschland gefragt, wobei vermutet werden kann, dass die Personen selten, zumindest von MitarbeiterInnen staatlicher Behörden, danach gefragt werden, da ihr derzeitiger Aufenthaltsstatus eigentlich kein Leben in Deutschland vorsieht. Im Sinne der Interviewform sollten

69 Unter 5.3.4 wird darauf eingegangen, dass die Interviews in der praktischen Umsetzung schließlich mehr als eine Mischform zwischen problemzentriertem Interview und narrativem Interview gesehen werden müssen. An dieser Stelle sollen jedoch methodische und theoretische Überlegungen innerhalb des Forschungsprozesses aufgezeigt werden.

sie dabei nur erzählen, was sie für erzählenswert und wichtig empfinden bzw. in dieser Situation von sich preisgeben möchten.[70]

Das narrative Interview bietet sich neben der Berücksichtigung von Besonderheiten des Forschungsgegenstandes „Flüchtlinge“ für eine Untersuchung im Rahmen des Agency-Konzeptes von Emirbayer und Mische (1998) an. Die Forderung der AutorInnen, Agency als eigenständige analytische Kategorie in ihrer internen Struktur zu untersuchen, erfordert eine dafür geeignete Herangehensweise. Wie oben dargestellt, identifizieren Emirbayer und Mische (1998) unterschiedliche Orientierungen, an denen die Akteure ihre Handlungen ausrichten. Handlungsorientierungen dieser Art und damit die Ausprägung von Agency sowie deren Herstellung lassen sich nur durch einen Einblick in erlebte Erfahrungen und der Deutung durch die Akteure rekonstruieren. Es wird angenommen, dass in den Erzählungen der Befragten Subjektpositionierungen stattfinden, anhand denen Umgangsweisen mit vorzufindenden Problemlagen und damit Handlungsfähigkeit herausgearbeitet werden kann (vgl. Thielen 2009: 84). In ihrer Theorie betonen die AutorInnen die Rolle der Reflexion und Wahrnehmung der eigenen (vergangenen) Handlungsfähigkeit zur (Wieder-)Herstellung dieser (vgl. Emirbayer/Mische 1998: 1001). Diese Reflexionsprozesse und damit hergestellte Handlungsfähigkeit können idealerweise in Erzählungen, die nach Schütze mit der Erfahrungsaufschichtung korrespondieren, identifiziert werden (vgl. Biesta/Tedder 2006: 12; Bender et al. 2013: 259).

5.3.2 Zugang zu den Interviewpartnern

Der Zugang zum Forschungsfeld erwies sich als teilweise sehr schwierig, was eine längere Suche mit einigen Absagen implizierte. Durch einen persönlichen Kontakt fand sich sehr schnell das erste Interview mit Raza, welchen die Autorin bereits seit einiger Zeit kennt und in unregelmäßigen Abständen bei unterschiedlichen Gelegenheiten trifft. Über einen weiteren persönlichen Kontakt konnte ein Interview mit Arash, welcher der Autorin jedoch nur durch Erzählungen des Kontaktes bekannt war, vereinbart worden. Die Interviews mit Nazim und Fadil kamen durch Kontakte der Autorin zum Wohnheim B in Stadt B zustande. Durch die wöchentliche Hausaufgabenbetreuung kennt die Autorin die dort arbeitenden Sozialpädagoginnen. Eine Sozialpädagogin stellte den Kontakt zu Nazim her, dessen Schwester auch in der Hausaufgabenbetreuung ist. Somit war der Autorin die Familie nicht völlig unbekannt und Nazim konnte ebenso zugesichert werden, dass die

70 Dieser sensible Umgang mit den Personen und deren Erzählungen impliziert natürlich einen stellenweise eingeschränkten Informationsgehalt.

Autorin nicht völlig fremd und ahnungslos nur zum Zwecke ihres Interviews in die Flüchtlingsunterkunft kommt. Der Kontakt mit Fadil wurde ebenfalls durch die Sozialpädagogin hergestellt, da diese den Befragten gut kennt. Der Kontakt mit Shaikh wurde durch Raza hergestellt, der schon vor der Durchführung seines eigenen Interviews anbot, weitere Kontakte zu Interviewpartnern herzustellen. Die Autorin kam auf dieses Angebot zwei Wochen später zurück.

Eines der Hauptprobleme bei der Suche nach geeigneten Interviewpartnern war die Sprache. Viele der geduldeten Flüchtlinge sprechen wenig Deutsch, da der Zugang zu Sprachkursen mit Duldung erheblich erschwert ist (vgl. 2.2.2.3). Die von ihnen häufig gesprochenen Sprachen, wie etwa Albanisch, Serbisch, Romanes oder Arabisch, werden von der Autorin nicht beherrscht. Auf das Hinzuziehen von ÜbersetzerInnen wurde verzichtet, da dies im Rahmen eines narrativen Interviews, welches ohne festen Fragenkatalog und mit situativen erzählgenerierenden Nachfragen arbeitet, behindernd wirken kann. Thielen (2009) merkt treffend an, dass bei Flüchtlingen der Einsatz von ÜbersetzerInnen mit einer erhöhten Sensibilität betrachtet werden muss (vgl. ebd.: 92). Flüchtlingen werden in ihrem Asylanhörungsverfahren, welches entscheidend für den weiteren Verlauf des Asylverfahrens ist, bei Bedarf ÜbersetzerInnen zugeteilt, mit denen unter Umständen ungute Erfahrungen hinsichtlich einer korrekten Wiedergabe der Erzählung, gemacht werden. Somit kann die Präsenz von ÜbersetzerInnen Erinnerungen an diese Situation wecken und ein Vergleich mit dieser durch den Befragten gezogen werden. Dies sollte jedoch unbedingt vermieden werden, weshalb in dieser Arbeit auf ÜbersetzerInnen verzichtet wurde und nach Personen, die Deutsch, Englisch oder Französisch sprechen können und damit ihre Geschichte direkt und unmittelbar der Autorin erzählen konnten, gesucht.[71]

5.3.3 Sampling

Die Auswahl der Interviewpartner orientierte sich an dem im Verfahren der gegenstandsbezogenen Theoriebildung nach Barney Glaser und Anselm Strauss in den 1960er Jahren entwickelten Vorgehen des *theoretical samplings*. Dies zeichnet sich durch eine entlang des Forschungsprozesses fortwährende Auswahl von InterviewpartnerInnen aus. Im Rahmen dieser Arbeit wurden zunächst zwei Fälle erhoben, die sich hinsichtlich der Fragestellung stark zu kontrastieren schienen (Raza und Arash). Da keine festen theoretischen Vorannahmen oder Hypothesen bestanden, wurden diese Fälle aufgrund von äußeren Kriterien, die hinsichtlich der

71 Schlussendlich wurden keine Personen auf Englisch oder Französisch interviewt, sondern fünf Personen mit ausreichenden Deutschkenntnissen gefunden. – Der nachgezeichnete schwierige Zugang zum Feld impliziert einen Bias, der in der Diskussion (8.) thematisiert wird.

Fragestellung und auf Basis des erarbeiteten Vorwissens der Autorin relevant erschienen, ausgewählt. Als gemeinsame Voraussetzungen dienten zunächst lediglich das Kriterium einer Flucht nach Deutschland, der aufenthaltsrechtlichen Situation einer Duldung, die Zugehörigkeit zum männlichen Geschlecht,[72] sowie Volljährigkeit.[73] Nach einer ausführlichen Auswertung des ersten Interviews von Raza wurden entlang der analysierten Kriterien sowie hinsichtlich der Fragestellung weitere, möglichst kontrastierende Fälle ausgesucht. Das Ziel des *theoretical samplings* ist die „theoretische Sättigung" (Glinka 2003: 29). Diese impliziert ein angemessenes Abbild der Realität, was bedeutet, dass kein weiterer Fall mehr zu finden ist, der nicht durch die bereits gebildeten theoretischen Konzepte repräsentiert wäre (vgl. Hermanns 1992: 116). Glinka (2003) sieht eine „theoretische Sättigung" bei einer Anzahl zwischen zwanzig und vierzig Interviews eintreten, was im Rahmen dieser Arbeit nicht geleistet werden kann (vgl. ebd.: 29). Wie unter 5.3.2 näher erläutert, ist der Zugang zum Forschungsfeld „geduldete Flüchtlinge" problematisch, weshalb im Laufe des Forschungsprozesses Kompromisse bezüglich der Auswahl der Interviewpartner gemacht werden mussten. Schlussendlich konnten folgende fünf Personen befragt werden: Der 27-jährige Raza aus Pakistan, der 19-jährige Nazim aus dem Kosovo, der ebenfalls aus dem Kosovo stammende 18-jährige Fadil, der 30-jährige Shaikh aus Pakistan sowie der 21-jährige Arash aus Afghanistan. Die Anzahl der erhobenen Interviews überschreitet die Anzahl der am Ende ausführlich analysierten Interviews, was einen gewissen Spielraum bei der endgültigen Auswahl schafft und das Problem, dass vor der Befragung oft wenig Informationen zum Befragten vorliegen, partiell abzuschwächen vermag (vgl. Hummrich 2002: 48). Die letztendliche Entscheidung für die ausführliche Analyse der zwei Interviews mit Raza und Nazim resultiert aus theoretischen Überlegungen als auch praktischen methodischen Gründen. So weisen die beiden in einer ausführlichen Darstellung besprochenen Fälle eine deutliche Varianz hinsichtlich der Frage nach der Handlungsfähigkeit auf und lassen sich, unter Hinzunahme der anderen Interviews, auf gewinnbringende Weise gegenüberstellen. Damit ermöglichen sie einen Einblick in die Bandbreite des Forschungsgegenstandes, der jedoch keinesfalls eine theoretische Repräsentativität beansprucht, sondern vor allem weiteren Forschungsbedarf und erste Erkenntnisse aufzeigen soll. Gleichzeitig muss erwähnt werden, dass die Interviews von Arash und Fadil auf

72 Damit wurde hinsichtlich des Geschlechts Homogenität innerhalb der untersuchten Personen gewahrt womit das „Strukturprinzip Geschlecht" (Täubig 2009: 84) als Erklärung für Unterschiede ausgeschlossen werden konnte (vgl. ebd.).

73 Da das Thema minderjährige, vor allem unbegleitete, Flüchtlinge in der Literatur meist gesondert behandelt wird und mit weiteren bzw. anderen Problemlagen behaftet ist, wurde sich hier nur für Personen, die zum Interviewzeitpunkt über 18 Jahre alt sind, entschieden. Arash kam als unbegleiteter minderjähriger Flüchtling nach Deutschland; Nazim und Fadil kamen ebenso im Alter von 15 bzw. 13 Jahren mit ihrer Familie nach Deutschland.

den ersten Blick bzw. nach dem ersten Interpretationsdurchgang mit (zu) wenig Informationsgehalt versehen sind, um eine ausführliche Falldarstellung zu realisieren. Bei einer ersten groben Interpretation des Interviews von Shaikh konnte eine ähnliche Struktur wie bei Raza festgestellt werden, weshalb eine weitere ausführliche Darstellung dessen als wenig ergiebig im Rahmen dieser Arbeit eingestuft wurde. Aufgrund von Gründen, die unter 5.3.2 beschrieben wurden, konnten an dieser Stelle innerhalb des vorhandenen zeitlichen Rahmens keine weiteren Interviewpartner mit den nötigen Voraussetzungen gefunden werden, weshalb sich für die Darstellung von zwei Interviews sowie die Behandlung aller fünf im Rahmen eines Vergleich entschieden wurde.

5.3.4 Durchführung der Interviews

Die fünf realisierten Interviews wurden in einem Zeitraum von einem Monat an unterschiedlichen Orten durchgeführt. Wichtig bei der Wahl der Orte war eine ruhige und ungestörte Atmosphäre. Es wurde darauf geachtet, dass der Ort keinen „öffentlich-administrativen Charakter der Interviewsituation" (Thielen 2009: 88) herstellte, um eine mögliche Ähnlichkeit mit der Anhörung im Asylverfahren zu vermeiden und eine für die Erzählung förderliche Umgebung zu schaffen. Die Befragten wurden deshalb nach einem präferierten Ort gefragt. Einer der Befragten schlug sofort die Wohnung der Autorin vor, den anderen Befragten war der Ort ihren Aussagen zufolge egal, woraufhin die Autorin verschiedene Vorschläge einbrachte. So wurden drei Interviews bei der Autorin zuhause durchgeführt.[74] Die Interviews mit Nazim und Fadil wurden im Wohnheim B, in welchem die Befragten derzeit leben, durchgeführt. Das erste fand in der dortigen Bibliothek, das zweite im Raum der Hausaufgabenbetreuung, statt. Für die Befragten waren dies Orte, die ihnen vertraut sind und da die Autorin in dieser Gemeinschaftsunterkunft ehrenamtlich tätig ist, waren auch für sie die Räumlichkeiten bekannt.

Nachdem das Forschungsvorhaben und der persönliche Bezug der Autorin zum Thema kurz vorgestellt, das Interviewverfahren erläutert und damit die Rollenverteilung zwischen dem Befragten, dem zunächst das alleinige Rederecht zugesprochen wurde, und der Autorin, die nach dem Erzählstimulus normalerweise

74 Der Autorin ist bewusst, dass dies nicht der ideale Ort ist, da es für die Befragten (außer Raza) ein völlig fremder Ort ist; für die Autorin hingegen ihr Zuhause. Dies könnte eine Auswirkung auf die Erzählbereitschaft die Befragten haben, die sich durch den fremden Ort gehemmt fühlen können. Jedoch wurde ein öffentlicher Raum wie ein Café als zu laut sowie die dortige Präsenz unbekannter Personen als potentielles Hindernis für die Erzählung erachtet. Shaikh und Arash leben beide in einer Gemeinschaftsunterkunft, in welcher sie die Autorin aufgrund der mangelnden Privatsphäre nicht treffen wollten.

anfangs keine Fragen stellt, ausgehandelt wurde, erfolgte die Erzählaufforderung. Die befragten Personen wurden gebeten, von ihrem Leben in Deutschland zu erzählen (vgl. Anhang I.). Dabei wurde ausdrücklich nach der zeitlichen Entwicklung seit der Ankunft bis in die Gegenwart sowie nach allen für den Befragten relevanten Erlebnisse und Erfahrungen in diesem Zusammenhang gefragt. Es wurde bei keinem der Interviews das Wort Handlungsfähigkeit seitens der Autorin erwähnt, sondern lediglich das Interesse am Leben von Personen mit einer Duldung in Deutschland artikuliert. Da diese Arbeit wie bereits erwähnt aufgrund von wenigen Erkenntnissen in diesem Bereich explorativ vorgeht, sollte somit eine subjektive Relevanzsetzung seitens der Befragten gewährt werden.

Die Interviews konnten nicht in idealtypischer narrativer Form durchgeführt werden. Aufgrund der Tatsache, dass Deutsch nicht die Muttersprache der Befragten ist, gab es während den Interviews Stellen, die inhaltlich von der Autorin nicht verstanden wurden und diese deshalb direkt nachfragte, um der weiteren Erzählung folgen zu können. Außerdem stellte sich heraus, dass sich bei den Befragten die Herstellung einer längeren Narration als schwierig gestaltete, weshalb die Autorin sehr häufig mit weiteren Fragen intervenierte.[75] Schlussendlich kann festgestellt werden, dass die durchgeführten Interviews mit einem Erzählstimulus als narrative Interviews begonnen wurden und auch im weiteren Verlauf versucht wurde, im Sinne dessen zu verfahren und keine Nachfragen mit eigenen Themenvorgaben zu stellen, sondern an bereits Erzähltes anzuknüpfen. Es wurden innerhalb der Interviews jedoch mehr Nachfragen als vorgesehen gestellt, sodass keine strikte Trennung von Haupterzählung und Nachfrageteil vorhanden ist. Aufgrund diesen Tatsachen muss schließlich von einem narrativen Interview mit Aspekten eines problemzentrierten Interviews gesprochen werden. Das problemzentrierte Interview, maßgeblich von Andreas Witzel (1982) entwickelt, ist wie das narrative Interview eine offene Befragungsform, welche auf subjektive Bedeutungen der Befragten zur Beantwortung bestimmter Fragestellungen zurückgreift (vgl. Mayring 2002: 69). Dabei ist es jedoch auf ein bestimmtes Problem zentriert, welches vor der Durchführung der Interviews von der bzw. dem Interviewenden bereits analysiert wurde und infolgedessen ein Interviewleitfaden erarbeitet wurde (vgl. ebd.: 67). Damit weist das problemzentrierte Interview einen höheren Strukturierungsgrad als das narrative Interview auf und kann als halbstrukturierte Befragungsform aufgefasst werden (vgl. ebd.). So wurden auch im Rahmen dieser Arbeit im Laufe der Interviewphase eine Art Leitfaden erarbeitet mit Thematiken, die sich als relevant für Handlungsfähigkeit herausstellten, und teilweise möglichen Formulierungsvorschlägen, welche gegebenenfalls (jedoch nicht durchgängig bei allen Befragten) angesprochen wurden.

75 Mögliche Gründe hierfür werden in der Diskussion (8.) erörtert.

Nach jedem Interview wurde ein Interviewprotokoll angefertigt um unter anderem den vorigen Überlegungen Raum zu geben und sie bei der späteren Interpretation der Interviewtexte berücksichtigen zu können.[76] In den Protokollen wurden jegliche Beobachtungen über das Treffen festgehalten. Es wurden erste Eindrücke und Gedanken über die Person festgehalten. Als wichtig erachtete Äußerungen vor bzw. nach der Aufnahme mit dem Tonbandgerät wurden ebenso wie Gedanken zur Atmosphäre, der Stimmung und der Interaktion mit der Autorin notiert. Dies erwies sich bei der Auswertung und Interpretation als sehr hilfreich, da dadurch einzelne Äußerungen des Erzählers während des Interviews besser verstanden und analysiert werden konnten, indem sie in einen größeren Kontext der Person gesetzt bzw. der mögliche Einfluss der Interaktionsbeziehung mitberücksichtigt werden konnte.

5.4 Datenauswertung

Alle Interviews wurden von der Autorin selbst durchgeführt und transkribiert. Bei der Transkription wurde darauf geachtet, dass neben dem genauen Wortlaut auch die Art und Weise des Sprechens als auch parasprachliche Elemente (z. B. Räuspern oder Lachen) erfasst wird. Ebenso wurden Hörersignale der Autorin, hauptsächlich „mhm", in das Transkript aufgenommen. Bei der Auswahl der Transkriptionsregeln wurde auf Mayring (2002) zurückgegriffen, der sich wiederum auf Werner Kallmeyer und Fritz Schütze beruft. Zusätzlich wurden einige für sinnvoll erachtete Analysezeichen von Schütze (1994) übernommen.[77] Alle befragten Personen erhielten Pseudonyme; Ortsangaben sowie Namen von Gemeinschaftsunterkünften oder andere Eigennamen wurden ebenfalls anonymisiert.[78]

Ziel der Auswertung ist es, die Ausprägung der Handlungsfähigkeit der befragten Personen in unterschiedlichen zeitlich-relationalen Kontexten herauszuarbeiten. Ebenso soll in der Auswertung analysiert werden, wie die gegebenenfalls vorhandene Handlungsfähigkeit hergestellt bzw. eingeschränkt wird und welche Ressourcen dem Befragten zur Verfügung stehen und genutzt werden. Das Ergebnis der Interpretation stellt eine fokussierte Falldarstellung und eine zusammenfassende Rekonstruktion der Handlungsfähigkeit der beiden ausführlich analysierten Interviews sowie eine Darstellung von zentralen Dimensionen, die nach der

76 Die Interviewprotokolle von Raza und Nazim befinden sich im Anhang unter II. und III.

77 Die Darstellung der Transkriptionsregeln findet sich im Anhang unter I.

78 Eine Ausnahme bildet die Erwähnung der Stadt Karlsruhe, in welcher sich die baden-württembergische Erstaufnahmeeinrichtung befindet. Da alle Flüchtlinge, die nach einer Quote Baden-Württemberg zugeteilt werden (vgl. 2.2.2.1), anfangs dort unterkommen, führt eine Verwendung des korrekten Städtenamens nicht zu einer Rekonstruktion der Identität der Befragten.

Gegenüberstellung der beiden Interviews mit Einbezug der drei weiteren, identifiziert wurden, dar.

Die Auswertung der Interviews orientierte sich an den Schritten des von Fritz Schütze entwickelten Verfahrens der Narrationsanalyse. Die Entwicklung des narrativen Interviews und dem darauf bezogenen Auswertungsverfahren der Narrationsanalyse fand zunächst nicht in einem biographieanalytischen Zusammenhang statt. Schütze entwickelte die Methoden im Rahmen einer Interaktionsfeldstudie, innerhalb derer kommunale Machtstrukturen erforscht werden sollten (vgl. Przyborski/Wohlrab-Sahr 2010: 218). Schließlich wurden und werden diese Verfahren aber vermehrt in der Biographieforschung angewandt. Die Narrationsanalyse zielt in den meisten Fällen auf die Herausarbeitung von Prozessstrukturen des Lebenslaufes ab. Schütze konnte in seinen bisherigen Arbeiten vier Prozessstrukturen identifizieren: das Konzept der Verlaufskurve beschreibt Phasen des Erleidens und des Verlusts von Handlungskontrolle (vgl. Schütze 1983: 288ff.; Przyborski/Wohlrab-Sahr 2010: 236). Das Konzept des „biographische[n] Handlungsschemas" (ebd.) hingegen geht von der Möglichkeit und Fähigkeit des Individuums aus, Handlungspläne zu verfolgen (Przyborski/Wohlrab-Sahr 2010: 236). Beim „institutionelle[n] Ablaufmuster der Lebensgeschichte" (ebd.) orientiert sich der biographische Verlauf an „organisatorischen Erwartungsfahrplänen" (ebd.). Innerhalb eines „Wandlungsprozess[es]" (ebd.) geschehen Ereignisse, deren Ursprung in der „Innenwelt" (ebd.) des Biographieträgers zu finden ist, für diesen überraschend. Bei Betrachtung der unterschiedlichen Prozessstrukturen finden sich eindeutige „agencytheoretische Implikationen" (Helfferich 2012a: 210), weshalb eine Verwendung der Narrationsanalyse als sinnvoll erachtet wird. Somit dient die Narrationsanalyse als Auswertungsverfahren, um das erhobene Datenmaterial ganz konkret nach aufeinanderfolgenden Schritten zu bearbeiten. Auf inhaltlicher Ebene dient bei der Auswertung das Agency-Konzept als Instrumentarium, da dieses eine differenziertere Herangehensweise in Bezug auf Handlungsfähigkeit erlaubt und dessen interne Struktur erfassen kann.[79]

Wie unter 5.3.4 gezeigt, konnten die Interviews nicht idealtypisch als narrative Interviews durchgeführt werden, was zur Folge das vermehrte Auftreten von teilnarrativen Passagen bzw. extrem kurzen narrativen Passagen hat. Deshalb wurden bei der Auswertung Ansätze weiterer AutorInnen miteinbezogen und nicht streng durchgängig am Verfahren der Narrationsanalyse festgehalten, um damit sinnvoll das vorhandene Datenmaterial unter der gegebenen Fragestellung interpretieren und auswerten zu können.

79 Zu einer Verbindung von Schützes Prozessstrukturen und einer Agency-Analyse siehe Helfferich (2013).

Zunächst wurde das gesamte Interview mit Blick auf die Interventionen der Autorin kritisch betrachtet. Dabei wurde geprüft, welchen Einfluss die (Nach-)fragen der Autorin auf die Erzählung des Befragten hatten. Die „Interviewereingriffe“ (Küsters 2009: 77) wurden daraufhin untersucht, ob sie ein neues Thema einführen, welches vom Befragten aufgenommen wird oder ob der Befragte nur kurz auf die Frage eingeht, um dann in seiner Darstellung weiter zu verfahren (vgl. ebd.). Die Beobachtungen wurden festgehalten, um sie bei Aussagen über die Erzählstruktur, welche gemäß Schützes Erzähltheorie mit der Struktur der Erfahrung korrespondiert, mit zu berücksichtigen.

Im ersten Schritt der Datenauswertung erfolgte, anlehnend an Schützes *formale Textanalyse*, eine Sequenzierung der Interviews. Dabei wurden bereits zu Beginn, aufgrund einer unzureichenden Haupterzählung, alle Teile des Interviews berücksichtigt und zu thematischen und inhaltlichen Segmenten geordnet. Innerhalb der unterschiedlichen Darstellungseinheiten, welche zu einem Segment zusammengefasst wurden, behält der Befragte jedoch eine „grundsätzliche Haltung zum Geschehensablauf“ (ebd.: 79) bei. Durch die beschriebene Herangehensweise konnte eine Phasengliederung der Erzählung über die Zeit in Deutschland mit sinnvoll bearbeitbaren Analyseeinheiten hergestellt werden. Innerhalb dieses Auswertungsschrittes wurde ebenso eine Textsortenbestimmung vorgenommen, im Rahmen derer beschreibende und argumentative Passagen herausgearbeitet und zunächst von den narrativen Passagen geschieden wurden.[80] Nach Gabrieles Rosenthals Verfahren der „biographischen Fallrekonstruktion“ (zitiert nach Küsters 2009: 83) muss für ein umfassendes Verständnisses des Falles geklärt werden, warum manche Sachverhalte argumentativ und beschreibend und nicht erzählend wiedergegeben werden, weshalb sie bereits innerhalb der Text-und thematischen Feldanalyse auch nicht-narrative Segmente berücksichtigt (vgl. Küsters 2009: 83f.). Aus der Verwendung und Platzierung von Argumentationen und Beschreibungen lassen sich häufig Erkenntnisse über die Bearbeitung von gewissen Erlebnissen sowie Hintergründe herausarbeiten (vgl. Bamberg 2007: 124). Somit ermöglicht die Textsortenbestimmung die Unterscheidung unterschiedlicher Darstellungszusammenhänge und basiert auf der Annahme, dass Erlebtes nicht nur durch Darstellungsinhalte, sondern vor allem auch durch die Art der Darstellung ausgedrückt wird (vgl. Hermanns 1992: 121). In den vorliegenden Interviewtexten findet sich ein häufiger Wechsel zwischen beschreibenden und narrativen Passagen. Werden diese im Gesamtzusammenhang des Falles betrachtet, wird deutlich, dass diese an manchen Stellen als „biografisch-relevante Bearbeitung“ (Bamberg 2006: 124) der entsprechenden Erfahrung gesehen werden können. Bamberg

80 Als Beispiel kann hier die im Interview von Raza vorzufindende längere beschreibende Passage über das pakistanische Gesundheitssystem, den Straßenverkehr sowie die Organisation von Terminen in Pakistan, aufgeführt werden.

(2006) bemerkt in seiner Studie über die Erfahrungen von Überlebenden des Konzentrationslagers Theresienstadt, dass identitätsbedrohende und traumatische Ereignisse wie etwa die Trennung von der Familie oft nur in beschreibender Form wiedergeben werden können.[81] In Ausführungen zum narrativen Interview finden sich ebenso bei Glinka (2003) Hinweise auf Gründe, warum manche Lebensphasen in nicht-narrativer Weise wiedergegeben werden. Er spricht dabei unter anderem Ausblendungstendenzen und -mechanismen an. Diese beinhalten, dass die Befragten möglicherweise belastende Erlebnisse nicht systematisch reflexiv bearbeitet haben und dies ein Verdrängen und Vergessen dieser zur Folge hat (vgl. Glinka 2003: 212).[82]

Nach der Sequenzierung des Interviewtextes folgt bei Schütze (1983) der Schritt der *strukturellen inhaltlichen Beschreibung*. Hierbei werden die einzelnen Segmente detailliert analysiert und deren Funktion für die gesamte Erzählung bestimmt (vgl. Przyborski/Wohlrab-Sahr 2010: 233). Dabei spielt vor allem das Verhältnis zwischen den dargestellten Inhalten und der Art und Perspektive der Darstellung, eine Rolle (vgl. Hermanns 1992: 121). Um dies zu bestimmen, wurde im Rahmen des „expandierenden Paraphrasierens" (zitiert nach Küsters 2009: 80) Satz für Satz der für relevant erachteten Textpassagen interpretiert und nach unterschiedlichen latenten und manifesten Sinngehalten untersucht (vgl. ebd.). Damit sollte eine Verknüpfung zwischen den erzählten Ereignissen und der Haltung des Befragten dazu, herausgearbeitet werden. Wie bei Schütze wurde versucht, Erzählketten im Sinne von chronologisch miteinander verknüpften Episoden sowie thematische Kreise, welche größere thematische Zusammenhänge beinhalten, zu identifizieren (vgl. Przyborski/Wohlrab-Sahr 2010: 234).[83] Das Ziel der strukturellen inhaltlichen Beschreibung ist bei Schütze die Herausarbeitung der zeitlich begrenzten Prozessstrukturen (vgl. Schütze 1983: 286; Küsters 2009: 81). Um die Frage nach Handlungsfähigkeit von geduldeten Flüchtlingen zu beantworten, wird an dieser Stelle als theoretisches Instrumentarium das Agency-Konzept verwendet. Somit liegt das Ziel der strukturellen Beschreibung in der Herausarbeitung

81 Raza merkt in seiner Erzählung an, dass er seine „Vergangenheit (…) fast vergessen" (Interview Raza, Z. 281f.) hat und spezifiziert das vor allem auf die Zeit in der Gemeinschaftsunterkunft. Diese Aussage ist im Zusammenhang mit der hauptsächlich beschreibenden Schilderung über das Leben in einer Gemeinschaftsunterkunft von Raza bedeutsam und kann als eine Erklärung für diesen Umstand hinzugezogen werden.

82 Raza erzählt erst auf Nachfrage explizit über die Situation, eine Duldung zu haben. Dies geschieht vorwiegend in einer beschreibenden Art. Mit der Anmerkung, dass es „die schlimmste Zeit (…) als Asylbewerber" (Interview Raza, Z. 401) ist, können möglicherweise genannte Gründe dafür verantwortlich gemacht werden.

83 vgl. z.B. das Thema „Hoffnung auf ein besseres Leben" bei Nazim, was als thematischer Kreis angesehen werden kann, in welchen wiederum Erzählketten eingeordnet sind.

einer in unterschiedlichem Maße ausgeprägten Handlungsfähigkeit im Zusammenhang mit den zeitlich-relationalen Kontexten, in welchen sich die Befragten befinden. Dabei werden die drei unter 3.2.3 vorgestellten empirischen Implikationen von Emirbayer und Mische (1998) berücksichtigt. So wurden die Segmente auf ihre unterschiedlichen zeitlich-relationalen Kontexte hin untersucht (beispielsweise die erste Zeit nach der Ankunft in Deutschland oder das Wohnen in einer Gemeinschaftsunterkunft) und die dort aufzufindenden Handlungen wenn möglich nach ihrer dominanten zeitlichen Orientierung herausgearbeitet.[84] Die beschriebenen Handlungen des Akteurs bzw. reflektierenden Äußerungen über Handlungsentscheidungen und Handlungen wurden im Zuge dessen ausführlich betrachtet, auf ihre Wechselwirkung mit den strukturierenden Kontexten hin untersucht und in einem weiteren Schritt auf ihre Veränderungen im Zusammenhang mit diesen geschaut. Dabei wurden Ressourcen, wie etwa die Sprache oder soziale Beziehungen und individuelle Handlungsdispositionen offengelegt und untersucht, in welchen Kontexten diese zur Erhöhung von Handlungsfähigkeit führen können bzw. wie diese in sozialen Bedingungen zum Tragen kommen. Wie bereits erwähnt wird innerhalb der strukturellen inhaltlichen Beschreibung versucht, die Haltung des Befragten zum Erzählten zu eruieren. Dies dient, anlehnend an Emirbayers und Misches (1998) dritter empirischer Implikation, zur Herausarbeitung der Bewertung und (Selbst-)Reflexion der Handlungsfähigkeit des Befragten in den jeweiligen Situationen und der dadurch potentiellen Veränderung deren.

Lucius-Hoene (2012) nimmt eine Untersuchung von subjektivem Erleben von Handlungsfähigkeit und Wirkmächtigkeit aus der Perspektive von Individuen vor (vgl. ebd.: 41). Innerhalb dieser werden Interviewtexte verstärkt unter dem Gesichtspunkt von sprachlichen Merkmalen in ihrer linguistischen Darstellung untersucht. Diese „Aufmerksamkeitsebene oder Fokussierung innerhalb fallrekonstruktiver, sinnverstehender Verfahren" (Hoffmann 2012: 186) wurde auch im Rahmen der hier vorliegenden Auswertung vor allem in Bezug auf retrospektive Rekonstruktion und Reflexion der Handlungsfähigkeit als nützlich erachtet. Dabei wurden gemäß Lucius-Hoene (2012) vor allem auf Prädikatsausdrücke geachtet, welche die Autorin in Aktions-, Prozess-, Status- und Qualitätsprädikate differenziert (vgl. ebd.: 49). Damit lässt sich feststellen, ob die Person als aktiv Handelnder in der Situation agiert bzw. sich so wahrnimmt oder ob sich etwas „ohne erkennbare Handlungsträgerschaft" (ebd.: 50) entwickelt. Zusätzlich wurde durch die Betrachtung von semantischen Rollen nach den TrägerInnen oder VerursacherInnen des Geschehens gefragt. So finden sich in unterschiedlichen Situationen in den Erzählungen der Befragten gehäuft Ich-Konstruktionen (z.B. Razas Schilderungen über seine Zukunftsvorstellungen; vgl. Interview Raza Z. 475ff.) im Gegensatz zu

84 Es war nicht immer möglich, anhand des vorhandenen Datenmaterials eindeutige Rückschlüsse über eine dominierende zeitliche Orientierung in der Handlung(-sentscheidung) zu ziehen.

Beschreibungen, in denen die befragte Person sich nur als von einer Handlung betroffenen Objektes sieht (vgl. z.B. die Äußerungen Raza wie er nach der Ankunft in Karlsruhe von „denen" „genommen" wurde; vgl. Interview Raza Z. 15).[85] Schließlich wurden die „Träger der Wirkmacht" (ebd.: 52) genauer betrachtet und nach lebendigen Personen (vgl. z.B. „die Pakistanis"; Interview Raza Z. 228ff.), Institutionen (vgl. z.B. das Sozialsystem; Interview Raza Z. 13), externen Ereignissen (vgl. z.B. Krieg; Interview Nazim Z. 134) oder „höheren Kräften" (vgl. z.B. Gott; Interview Nazim Z. 171) untersucht. Damit verbunden ist die Feststellung von Verantwortlichkeit oder Intentionalität der jeweiligen Mächte, wodurch sich Rückschlüsse auf die (wahrgenommene) Handlungsfähigkeit der befragten Person ziehen lassen.[86]

An diese eingehende und differenzierte Analyse der einzelnen Segmente schließt bei Schütze der Schritt der *analytischen Abstraktion* an. Dabei wird das Ergebnis der strukturellen inhaltlichen Beschreibung von den Details der einzelnen dargestellten Kontexte gelöst und miteinander in Beziehung gesetzt (vgl. ebd.: 286). Das Ergebnis ist nicht wie bei Schütze vorgesehen eine biographische Gesamtformung mit einer dominanten Prozessstruktur des Lebenslaufs, sondern in Anbetracht des Untersuchungsgegenstandes eine zusammenfassende Rekonstruktion der Handlungsfähigkeit (vgl. 6.1.2 und 6.2.2). Diese umfasst eine Gesamtdarstellung des untersuchten Falles mit Identifizierung einer dominanten Strategie der (Wieder-)Herstellung bzw. des Versuchs der Herstellung von Handlungsfähigkeit und einer Diskussion der theoretischen Annahmen von Emirbayer und Mische (1998).

Die *Wissensanalyse,* bei Schütze (1983) ein eigenständiger weiterer Schritt, ist in dieser Arbeit im gesamten Verlauf der Analyse verankert. Dabei wurden fortlaufend (argumentative) Kommentare der Befragten im Gesamtkontext der Erzählung auf ihre „Orientierungs-, Verarbeitungs-, Deutungs-, Selbstdefinitions-, Legitimations-, Ausblendungs- und Verdrängungsfunktion" (ebd.: 287) hin untersucht und dementsprechend interpretiert. Dies ist vor allem im Hinblick auf die retrospektiv konstruierte Handlungsfähigkeit von Bedeutung.

Der nächste Analyseschritt besteht darin, sich vom Einzelfall zu lösen und einen *kontrastiven Vergleich* der analysierten Fälle vorzunehmen (vgl. Schütze 1983: 287). Anlehnend daran wurden die bei Raza, der hier als am ausführlichsten

85 Für eine Auflistung der einzelnen semantischen Rollen vgl. Lucius-Hoene (2012): 51.

86 Bei diesen sprachlichen Überlegungen wurde stets berücksichtigt, dass Deutsch nicht die Muttersprache der Befragten ist und deshalb manche Äußerungen auf Sprachschwierigkeiten zurückgeführt werden müssen und dabei keine „Überinterpretation" stattfinden darf. Bei der genauen Analyse der Interviews konnten jedoch einige Sprachmuster sowie aufgrund von Sprachschwierigkeiten wiederholte Satzkonstruktionen identifiziert werden, sodass Äußerungen bezüglich der Herausarbeitung von Handlungsfähigkeit vor diesem Hintergrund entsprechend eingeordnet und interpretiert werden konnten.

behandelte Eckfall dient, gefundenen Themen bzw. Kategorien als Referenzkategorien verwendet und Nazims Interview sowie die drei weiteren Interviews auf diese Kategorien untersucht. Ließen sich diese Kategorien in den Interviews ebenfalls erkennen, wurden sie im Rahmen eines minimalen und maximalen Vergleichs aufeinander bezogen (vgl. Küsters 2009: 168).[87] Beim minimalen Vergleich sollen Kategorien verdichtet werden, um sie so von der Besonderheit des Einzelfalls zu lösen (vgl. Schütze 1983: 287). Die zwei ausführlich dargestellten Interviews wurden ausgewählt, da sie eine gewisse Bandbreite bezüglich Handlungsfähigkeit während der Duldung aufzeigen. So wurden vor allem diese zwei im Rahmen eines maximalen Vergleiches kontrastiert. Dieser hat die Funktion, „die in Rede stehenden theoretischen Kategorien mit gegensätzlichen Kategorien zu konfrontieren" (ebd.: 288). Damit sollen alternative Formen von Handlungsfähigkeit herausgearbeitet werden. Die drei weiteren Interviews wurden nach einer ersten Interpretation dieser unterstützend hinzugezogen, wurden jedoch nicht in der gleichen Tiefe wie die zwei vorigen behandelt. Aufgrund des vorhandenen Datenmaterials, welches keine theoretische Sättigung erlaubt, wurde sich gegen eine mögliche Typenbildung bzw. der *Konstruktion eines theoretischen Modells* wie bei Schütze (vgl. ebd.: 288) als Ergebnis des Fallvergleiches entschieden. Es soll vielmehr das in den Interviews vorzufindende Spektrum der jeweiligen zentralen Dimensionen von Handlungsfähigkeit, losgelöst von den einzelnen Fällen, aufgezeigt werden. Die identifizierten Dimensionen repräsentieren dabei zentrale Bereiche im Leben der Befragten, die hinsichtlich ihrer Handlungsfähigkeit zu betrachten sind, um Prozesse der Einschränkung und Herstellung von Handlungsfähigkeit zu verstehen. Damit wird versucht, „die Fallstrukturen in ihrer Varianz zu unterscheiden und zu einem Bild zu ordnen" (Küsters 2009: 169).

87 Da die Befragten im Rahmen des narrativen Interviews ihre eigene Relevanzsetzung vornehmen konnten, findet sich nicht bei allen z.B. die Erwähnung der Religion, sodass diese Kategorie nicht innerhalb aller Fälle verglichen werden kann. Schlussendlich beschränken sich die verglichenen und hier dargestellten Dimensionen auf drei zentrale.

6 Fallstudien

Nach Darstellung der methodischen Vorgehensweise mithilfe derer Transparenz bezüglich der Auswertung und Interpretation der Interviews hergestellt wurde, finden sich im folgenden Kapitel die empirischen Ergebnisse. Zunächst werden die ausführlich analysierten Interviews, die mit Raza und Nazim geführt wurden, dargestellt (vgl. 6.1 und 6.2). Dabei wird einerseits aus einer Mikroperspektive Einblick in das Leben geduldeter Flüchtlingen bzw. der zwei Befragten gegeben. Andererseits wird die vorgenommene Empirisierung des Agency-Konzeptes ersichtlich. Die Falldarstellung beinhaltet einerseits eine zusammenfassende und fokussierte Wiedergabe der übermittelten Inhalte. Dabei werden die unter 2.2 ausführlich beschriebenen Rahmenbedingungen der Duldung konkretisiert und am Einzelfall veranschaulicht. Gleichzeitig wird vor dem Hintergrund der oben beschriebenen Überlegungen zum narrativen Interview, Bezug auf die Darstellungsweise der Inhalte genommen, um postulierte Erkenntnisse zu plausibilisieren. Nach Emirbayer und Mische (1998) muss Agency und deren Ausprägung analytisch getrennt, aber im Zusammenhang mit einzelnen Kontexten gesehen werden. Indem an dieser Stelle die Gesamterzählung in Kontexte bzw. Themenbereiche unterteilt wurde, wird dieser Überlegung von Emirbayer und Mische (1998) Rechnung getragen. Es wird, wie ebenfalls bei den AutorInnen zu finden, nach der Art und Weise, dem „Wie“, der Herstellung von Handlungsfähigkeit und den dazugehörigen Ressourcen, geschaut (vgl. 6.1.1 und 6.2.1).

Die Falldarstellung von Raza wird an dieser Stelle detaillierter als die Falldarstellung von Nazim vorgenommen. Razas Erzählung dient in der Arbeit als Eckfall, der ausführlich interpretiert wurde und anhand dessen weitere Interviewpartner ausgewählt wurden bzw. relevante Punkte für die weitere Vorgehensweise gewonnen wurden. Zugleich soll anhand der detaillierten Ausführung Transparenz bezüglich des Interpretationsvorganges, der ebenso bei dem folgenden Interview stattfand, gegeben werden, um somit Ergebnisse zu legitimieren und begründen. Dabei werden unter anderem auf beschriebene sprachliche Besonderheiten und auffällige Satzkonstruktionen näher eingegangen.

Nach einer detaillierten Falldarstellung schließt sich eine zusammenfassende Ausführung der Handlungsfähigkeit dar (vgl. 6.1.2 und 6.2.2). Dabei werden Erkenntnisse, die vor dem Hintergrund des Agency-Konzeptes gewonnen werden konnten, hinsichtlich eines Gesamtporträts zusammengeführt. Zunächst wird dabei eine im Interview identifizierte dominante „Grundfigur“ bezüglich der Herstellung von Handlungsfähigkeit dargestellt. Daran schließt sich eine Darstellung an, die sich an den drei unter 3.2.3 erwähnten Implikationen von Emirbayer und Mische (1998) orientiert. Es werden explizit Begrifflichkeiten und Postulate aus deren Konzeption aufgegriffen und am Fall konkretisiert.[88]

6.1 Raza aus Pakistan

Raza ist zum Zeitpunkt des Interviews 27 Jahre alt. Er ist 2008 über Russland und Polen nach Deutschland gekommen, da er in Pakistan aufgrund von politischen Aktivitäten mit seinem in einer Oppositionspartei tätigen Onkel „Probleme“ hatte und keine Perspektive für sich in Pakistan sah. Bis dahin wohnte er mit seiner Familie in einem kleinen Dorf in Pakistan. Dort besuchte der Befragte acht Jahre die Schule, bevor er diese verlassen musste, um als Ältester der fünf Kinder auf dem Hof der Familie zu helfen. Einer seiner Brüder lebte sechs Jahre lang im Exil in Zypern, ist nun aber wieder nach Pakistan zurückgekehrt. Seit zwei Jahren ist Razas jüngster Bruder ebenfalls in Stadt B und wohnt dort in einer Gemeinschaftsunterkunft. Raza lebte zunächst vier Jahre in Stadt A in einer Gemeinschaftsunterkunft. Seit 2012 wohnt er mit seiner deutschen Frau, die er im September 2014 heiratete, in einer Mietwohnung in einem Stadtteil in Stadt B. Er arbeitet derzeit als Küchenhilfe in einem Restaurant.

6.1.1 Fokussierte Falldarstellung

Die Auswertung der Erzählung Razas nach den beschriebenen Schritten und Gesichtspunkten ergab eine Gliederung in acht spezifische Kontexte, deren nähere Betrachtung im Hinblick auf Razas Situation und Leben in Deutschland sowie dessen (wahrgenommene) Handlungsfähigkeit und Prozesse zur (Wieder-)Herstellung derer, als sinnvoll und nützlich ist.

88 Zu Gunsten einer besseren Lesbarkeit und Übersicht wurden die Passagen mit Hinweisen auf die entsprechenden Fragen von Emirbayer und Mische (1998) versehen. Dabei wird immer Bezug auf die unter 3.2.3 vorgestellten Fragen genommen. Außerdem wurden wichtige Begrifflichkeiten aus der Theorie kursiv gesetzt.

6.1.1.1 Ankunft in Deutschland

Die erste Zeit in Deutschland, nachdem Raza einen Asylantrag gestellt hatte und sich in einer Erstaufnahmeeinrichtung befindet, ist von der Erkenntnis, dass in Deutschland alles „ganz anders als in Pakistan“ (Z. 17; vgl. auch Z. 22)[89] und damit neu für den Erzähler ist, geprägt. Dieses Gefühl scheint allgegenwärtig zu sein und „alles von..null bis hundert“ (Z. 20) in Deutschland zu betreffen. Die wahrgenommene Diskrepanz zwischen seinem Herkunftsland und Deutschland und die damit verbundene Fremdheit rufen bei Raza ein zwiespältiges Gefühl hervor: Einerseits ist es für ihn eine „sehr sehr (...) schwierige Zeit“ (Z. 11), da er niemanden kennt, kein Geld hat und der Landessprache nicht mächtig ist (vgl. 11ff.). Zeitenweise scheint diese Situation für den Befragten überfordernd und er spricht davon, dass er es nicht schafft, hier zu bleiben (vgl. Z.22). Der Befragte hat Angst zu versagen; Angst, dass er die Herausforderungen und Probleme, die sich unter anderem aus den Unterschieden zwischen Deutschland und Pakistan ergeben, nicht meistern kann. Das anfängliche Zurechtkommen in der deutschen Gesellschaft ist für Raza mit viel Anstrengung verbunden. Das oben beschriebene Gefühl löst bei dem Erzähler jedoch nicht nur Angst vor einem Scheitern, sondern andererseits auch aktive Handlungen hervor. So versucht er bereits in den ersten Tagen, Deutsch zu lernen. Schon von Beginn an ist ihm klar, dass das Erlernen der Sprache ein wichtiges Mittel ist, um in Deutschland zurecht zu kommen (vgl. Z. 11, Z. 16, Z. 23). Der Erzähler zeigt sich dem „Sozialsystem“ (Z. 13) gegenüber dankbar, welches ihm seiner Aussage nach „viel geholfen“ (Z. 13f.) hat. Gleichzeitig wird deutlich, wie wenig Einfluss Raza auf seine derzeitige Situation, genauer gesagt auf die Wahl seines neuen Aufenthaltsortes, hat. So schildert er, wie ihn das „Sozialsystem und Asyl“ (Z. 13) „genommen“ (Z. 14) und ihn dann in Stadt B „geschickt“ (Z. 35) hat.

6.1.1.2 Soziale Kontakte als vielfältige Ressource

Nach der Zeit in der Erstaufnahmeeinrichtung, bezieht der Befragte eine Gemeinschaftsunterkunft in Stadt A. Der Befragte leitet seine Erzählung des Beginns der Zeit in der Gemeinschaftsunterkunft mit dem Kennenlernen von „unseren Leute[n]“ (Z. 23) ein. Im Gegensatz zu der Zeit direkt nach der Ankunft, in der er „keine (...) Leute (...) und keine Mensch“ (Z. 12f.) kennt, hat er nun mehrere

89 Da die Zeilenverweise sich in den Falldarstellungen immer auf das beschriebene Interview beziehen, wird unter 6. bei Zeilenverweisen auf die Namen der Befragten verzichtet.

Personen kennengelernt. Hierbei handelt es sich um in der Stadt A bzw. der Gemeinschaftsunterkunft lebende Pakistani, welche für den Erzählenden in dieser Situation eine wichtige Ressource im Sinne einer Bezugsgruppe darstellen, welche ihm in dieser anfänglichen Zeit der Unsicherheit zur Seite stehen. Raza fühlt sich, und dies vielleicht in einem ihm zu diesem Zeitpunkt unbekannten Land, verstärkt, seinem Herkunftsland und seinen „Landsleuten" sehr verbunden und versteht sich als Teil davon. Neben dem Sozialsystem haben auch diese Personen ihm „viel geholfen" (Z. 23f.). Diese scheinen schon länger in Deutschland zu sein und ähnliche Erfahrungen der Überforderung und Fremdheit wie der Erzählende gemacht zu haben. Daraufhin geben sie diesem den Ratschlag, dass er Zeit braucht um „das alles zum Lernen" (Z. 24). Sie versichern ihm, dass es im Laufe der Zeit „gut" (Z. 25) oder zumindest „besser" (Z. 25) wird. Dies kann der Erzählende rückblickend bestätigen, indem er von seiner Erfahrung erzählt, dass „die Zeit (...) immer gelaufen" (Z. 25) ist und er „gemerkt" (Z. 26) hat, dass „das (...) immer besser geworden" (Z. 26) ist.

Fasst Raza im Zusammenhang mit den ihm zur Verfügung stehenden finanziellen Ressourcen sein erstes Jahr als „schon bisschen (...) schwer für [ihn]" (Z. 35f.) zusammen, bilanziert er dahingegen in Bezug auf seinen damaligen Mitbewohner sein erstes Jahr als „sehr gut" (Z. 199). Die beiden verstehen sich gut und unternehmen viel gemeinsam. So besuchen sie gemeinsam den Sprachkurs, kochen und essen zusammen, gehen gemeinsam spazieren und betreiben zusammen Sport (vgl. Z. 203). Raza schätzt die Freundschaft mit seinem pakistanischen Mitbewohner sehr. Die Möglichkeit für gemeinsame Unternehmungen bzw. das Teilen alltäglicher Dinge, erscheint als Halt für den Erzählenden, der sich ansonsten der Tatsache konfrontiert sieht, dass er alleine aus Pakistan nach Deutschland gekommen ist und weder (enge) Familienangehörige noch vertraute Freunde vor Ort hat.

Umso mehr trifft ihn der Fortgang des Mitbewohners, der in Stadt S, welche sich circa 30 Kilometer von Stadt A befindet, eine Arbeit findet. Er ist zwar noch in der Gemeinschaftsunterkunft in Stadt A gemeldet, wohnt aber faktisch bei einem Freund in Stadt S. Die Bedeutung des Verlustes des Mitbewohners wird deutlich, als Raza von seinem Alltag ohne den Mitbewohner erzählt. Im Gegensatz zur vorigen Erzählung scheint sein Tag nur aus Arbeiten und „Zuhausesein" zu bestehen. (vgl. Z. 218) Er bezeichnet dies selbst als „sehr langweilig" (Z. 218). Dominierend ist das Gefühl, allein zu sein, im Gegensatz der vorherigen Beschreibung einer Art Gemeinschaft mit seinem Mitbewohner. Die subjektive Wahrnehmung von Alleinsein oder Einsamkeit während des Lebens in einer Gemeinschaftsunterkunft, in der man objektiv nie alleine ist, wird im weiteren Verlauf der Erzählung konkretisiert. Das Gefühl der Einsamkeit lässt sich vor allem auf den Umstand, dass der Erzählende keine Personen aus Pakistan kennt, zurückführen. Nach dem

Umzug seines Mitbewohners, lebten zu diesem Zeitpunkt keine anderen Pakistani oder InderInnen in der Gemeinschaftsunterkunft (vgl. Z. 435). Raza kennt auch keine weiteren pakistanischen AsylbewerberInnen oder Pakistani, da seiner Meinung nach Stadt A „so klein(…)“ (Z. 225) ist. Mit den anderen Personen in der Gemeinschaftsunterkunft, die teilweise Englisch sprechen, kann er nicht kommunizieren, da er kein Englisch kann (vgl. Z. 437f.) Die Erfahrung, von Leuten umgeben zu sein, mit denen er nicht kommunizieren kann, scheint eine schmerzhafte für ihn zu sein, was an seinem, sehr leise gesprochenen Einwand „aber ich konnte das nicht“ (Z. 438) zu erkennen ist. Durch seine Erzählung wird deutlich, wie groß die Verbundenheit mit Pakistanis oder zumindest Personen, die aus der gleichen Region, wie etwa InderInnen, kommen, ist. Ein wichtiger Grund hierfür ist die gemeinsame Sprache und damit ein Mittel, um mit den Leuten in Kontakt zu treten und eine (freundschaftliche) Beziehung aufzubauen. Gleichzeitig lässt sich erkennen, dass der Befragte auch Kontakt zu Deutschen sucht. Er scheint es trotz allem bedauerlich zu finden, dass auf seiner Arbeit nur InderInnen arbeiten, mit denen er sich zwar in seiner „Heimatsprache“ (Z. 219) unterhalten kann,[90]es sich dort aber keine Gelegenheit bietet, deutsche Freunde kennenzulernen (vgl. Z. 222). Von der Gruppe der Studierenden, die sich ungefähr im gleichen Alter wie der Befragte befinden, trennt ihn ein unterschiedlicher Rhythmus: so haben Studierende seiner Aussage zufolge am Wochenende Zeit; dort muss er hingegen arbeiten (vgl. Z. 225). Raza scheint in dieser Zeit keinen wirklichen Anschluss an eine bestimmte Gruppe zu haben und mit dem Wegzug seines Mitbewohners auch keinen wirklichen Freund mehr. Die geringe Erzähldichte in dieser Interviewpassage steht sinnbildlich für die Zeit: der Erzählende ist alleine und hat keine wirklichen Freunde, mit den Menschen um ihn herum kann er aufgrund von Sprachbarrieren nicht sprechen und sein Alltag besteht aus arbeiten und zuhause sein. Die Erzählung vermittelt einen Eindruck von einer gewissen Isolation: nicht nur von der deutschen Gesellschaft, der er weder bei der Arbeit noch in seiner Freizeit begegnet, sondern auch von seinem direkten Umfeld.

Im Gegensatz dazu schließt eine lebhafte Erzählung der folgenden Zeit an. Denn nach der Zeit, die vor allem durch das Dasein seines Mitbewohners geprägt ist und der darauffolgenden, die sich durch dessen Wegzug und der Einsamkeit des Befragten kennzeichnen lässt, kommen nach „ein zwei Jahren (…) auf einmal zehn bis fünfzehn Pakistanileute“(Z. 228f.). Dies markiert für den Befragten einen neuen Zeitabschnitt. Die Pakistani wurden wie er nach Stadt A „geschickt“ (Z. 231). Ohne aktives Zutun des Befragten ändert sich die bis dahin eher frustrierende

90 Das in Nordindien verbreitete Hindi ist dem in Pakistan gesprochene Urdu sehr ähnlich. Das indoarische Urdu, das in Pakistan als Nationalsprache festgesetzt ist, besitzt nur mehr Wörter arabischen und persischen Ursprungs (vgl. Encyclopedia Britannica 2014).

und „langweilige“ (Z. 218) Zeit. „Auf einmal“ (Z. 228) ist eine Gruppe von Pakistani da und abgesehen von der problemlosen Kommunikation kann er mit diesen „Cricket spielen gehen Badminton spielen gehen reden Spaß [haben]“ (Z. 235) sowie weggehen und feiern (Z. 440). Der Befragte kann sein Glück kaum fassen (vgl. Z. 234: „dass so viele Pakistani auf einmal da kann ich ja…“). Er beschreibt die Zeit, wie auch die Anfangszeit mit seinem Mitbewohner, als „auch gut“ (Z. 439). An dieser Stelle wird der Zusammenhalt der aus Pakistan nach Deutschland geflüchteten Personen und dessen Bedeutung erneut deutlich. Razas Erzählung klingt, als stände es außer Frage, dass die in den Gemeinschaftsunterkünften bzw. in einer Stadt lebenden Pakistanis sich zusammentun und sich für gemeinsamen Unternehmungen treffen.

Neben der Tatsache, dass er nun wieder Personen hat, mit denen er gemeinsame Aktivitäten unternehmen kann und somit nicht mehr alleine ist bzw. sich alleine fühlt, ist auch ein zweiter wichtiger Aspekt mit der Ankunft der Pakistanis verbunden. Der Befragte erzählt, wie er diesen hilft, indem er für sie auf dem Landrats- und Ausländeramt übersetzt (Z. 443, Z. 445) und „alles (…) zeigt“ (Z. 445) wie es „[hier] läuft“ (Z. 445). Er begründet dies dadurch, dass er der „längste dort“ (Z. 449) war. Es lässt sich hier eine gewisse Parallelität zu seiner eigenen Anfangszeit erkennen: auch er kam ohne Deutschkenntnisse an und war in diesem Bereich auf Hilfe angewiesen. Er hilft seinen Aussagen zufolge „gerne“ (Z. 442) den Anderen, da ihm dies „auch Spaß“ (Z. 448) macht. Vor allem aber gewinnt er dadurch (wieder) an Selbstvertrauen, was zu diesem Zeitpunkt bzw. bis dahin nicht sehr groß gewesen zu sein scheint (vgl. Z. 449: „bisschen mehr Vertrauen auf mich“). Indem er anderen hilft wird ihm bewusst, an welchem Punkt er gerade steht und wieviel er seit seiner Ankunft in Deutschland bereits geschafft und geleistet hat, was ihm wiederum Mut und Optimismus gibt (vgl. Z. 452).

Der Erzählende relativiert die anfängliche Begeisterung über die vielen neuen Pakistanis im Wohnheim jedoch kurz darauf. Ihm wird bewusst, dass „die anderen Leute (…) nicht [denken] was (…) du denkst“ (Z. 235ff.). Raza erlebt in dieser Situation eine Enttäuschung. Nach der vorherigen als einsam beschriebener Phase ist er über die Ankunft der neuen Pakistanis sehr glücklich. Es kann vermutet werden, dass er davon ausgeht, dass ihm diese Personen durch Gemeinsamkeiten wie derselben Herkunft sowie einer ebenfalls erlebten Flucht(-geschichte) nahestehen bzw. dies eine gemeinsame Verständigungsgrundlage darstellt. Er konkretisiert die von ihm erlebte Enttäuschung indem er zwei, anscheinend für ihn bedeutende Dinge, aufzählt, welche die anderen Personen nicht zu mögen scheinen: Sport und Spaß (vgl. Z. 237).

Betrachtet man die sozialen Kontakte des Befragten als Ressource, Handlungsfähigkeit herzustellen, lassen sich hierbei drei unterschiedliche Prozesse in unterschiedlichen Kontexten ausmachen. Anfangs unterstützen ihn die sozialen Kontakte und helfen ihm, sich in einem ihm fremden Deutschland und dessen impliziten Regeln und Gegebenheiten zurechtzufinden. Dank seines Mitbewohners, der ihm zugleich ein Freund zu sein scheint, kann er alltägliche Unternehmungen teilen und gemeinsam erleben, was zu einer positiven Grundstimmung beiträgt. Die neu ankommenden Pakistanis in der Gemeinschaftsunterkunft erfüllen als Ressource hinsichtlich von Handlungsfähigkeit zwei „Funktionen“: einerseits verhelfen sie Raza aus seiner damaligen Einsamkeit und Isolation, indem sie durch gemeinsame Aktivitäten der Eintönigkeit des Alltags entgegen wirken, wobei der Befragte augenscheinlich aktiver und glücklicher als vorher zu sein scheint. Gleichzeitig erlangt Raza, wie bereits erwähnt, durch die Hilfe, die er den Pakistanis bietet, (neues) Selbstvertrauen und wird sich dadurch seinen bisherigen Leistungen und bezwungenen Herausforderungen bewusst.

6.1.1.3 Arbeit als Medium zur Unabhängigkeit und gesellschaftlichen Teilhabe

Razas erstes Jahr in Stadt A ist gekennzeichnet durch das ihm auferlegte Arbeitsverbot und den damit eingeschränkten finanziellen Mitteln. Raza betont an mehreren Stellen, dass er nicht arbeiten „durfte“ (Z. 289, Z. 308, Z. 328) wobei deutlich wird, dass er dies gerne getan hätte. Dies hatte zur Folge dass er „sehr sehr (…) wenig(…) Geld für [sich]“ (Z. 289f.) hatte. Er gibt allerdings gleichzeitig an, dass ihm das Geld „eigentlich schon [gereicht]“ (Z. 303) hat. Jedoch erläutert er weiter, dass es eben nur zur Deckung des Existenzminimums ausreichend ist und beispielsweise jemand, der „raucht und Alkohol trinkt“ (Z. 310), sich diese Lebensweise nicht leisten kann ohne „immer“ (Z. 310) Schulden bei anderen Leuten zu machen (vgl. Z. 310 f.). Es wird ersichtlich, welche geringen Ansprüche und damit Lebenshaltungskosten der Erzählende in dieser Zeit hat. Raza schildert das Gefühl, das entsteht, wenn der Mitbewohner, der schon arbeiten darf, sein Gehalt zählt (vgl. Z. 303f.). Dies erweckt bei Raza den Wunsch nach ebenso „viel Geld“ (Z. 305) und dem Wunsch, arbeiten zu dürfen. Der Vergleich mit seinem Mitbewohner und dessen Geldzählen ruft Neid bei Raza hervor und verdeutlicht die Hilflosigkeit, die er gegenüber dieser Situation besitzt. Diese Ohnmacht gegenüber der verordneten Arbeitslosigkeit wird nochmals offensichtlich mit dem Satz „durftest du *einfach* [91] nicht arbeiten“ (Z. 308), welcher auch sein Unverständnis gegenüber dieser Regelung zeigt. Indem er an späterer Stelle des Interviews erzählt, wie er nach einem Jahr eine Arbeitserlaubnis bekommen hat und dann direkt

91 Die Kursivsetzung ist an dieser Stelle eine Hervorhebung der Autorin und dient zur Verdeutlichung der getroffenen Aussage.

auch eine Arbeit angefangen hat, wird die Bedeutung der Arbeit offensichtlich. Der zentrale Punkt für Raza war bzw. ist, dass er seit Erhalt der Arbeitserlaubnis, also circa fünf Jahre, auf keine finanzielle Unterstützung des Staates mehr angewiesen ist (Z. 317). Demgegenüber betont er mehrfach, dass er „gerne" (Z. 332) Steuern zahlen „will" (Z. 332) und damit gleichberechtigt mit deutschen StaatsbürgerInnen, am Arbeitsmarkt teilnimmt. In der Zukunft sieht er sich und seine Frau in festen Arbeitsverhältnissen, was mit einer in Deutschland herrschenden Auffassung von einer „normalen" Lebensführung kompatibel ist.

6.1.1.4 Sprache als Weg in die Selbstständigkeit

Ein zentraler, immer wieder auftauchender Aspekt in Razas Erzählung sind seine deutschen Sprachkenntnisse. So führt er als eine mögliche Begründung für die anfängliche schwierige Zeit die fehlenden Sprachkenntnisse auf (vgl. Z. 10f., Z.404f.) und erwähnt öfters, dass er versuchte, die Sprache zu lernen. Der Befragte skizziert im Verlauf des Interviews die Entwicklung seiner Sprachkenntnisse bzw. betont den Unterschied des Lebens ohne Sprachkenntnisse und mit Sprachkenntnissen. Er erzählt, dass er „gemerkt" (Z. 409) hat, dass er „ohne Sprache (...) gar nix [kann]" (Z. 410). Er beschreibt die Auswirkungen, welche die fehlenden Sprachkenntnisse mit sich brachten: er musste „jedes Mal jemand[en] mitnehmen" (Z. 410f.). Als konkrete Beispiele, wo er auf die sprachliche Unterstützung anderer angewiesen war, nennt er die Eröffnung eines Kontos und den Gang zum Arzt oder Anwalt (vgl. Z. 415f.), welches wesentliche Bereiche zur Bewältigung seines Alltages darstellen. Die Tatsache, dass er in diesen wichtigen Dingen nicht selbstständig handeln kann, löst in Raza den Wunsch nach dem Erlernen der Sprache aus (vgl. Z. 416). Er will nicht weiterhin anderen Leuten, die seiner Aussage zufolge auch nicht immer Zeit haben (vgl. 414), zur Last fallen und auf diese angewiesen sein. „Deswegen" (Z. 416) kümmert (vgl. Z. 416) er sich aktiv um die Verbesserung seiner Sprachkenntnisse. Der Befragte ist unzufrieden mit der offensichtlichen Abhängigkeit und klingt genervt (vgl. Z. 410: „ich kann nicht jedes Mal jemand mitnehmen (..)"; Z. 415: „die können nicht immer mit dir irgendwo hingehen"). Ihm ist bewusst, dass er derjenige ist, der etwas an dieser Situation ändern kann, indem er sich dem Spracherwerb widmet. Sein Plan funktioniert, was durch die Schilderung seiner gegenwärtigen Sprachfähigkeiten ersichtlich wird. Er beherrscht die Sprache zwar nicht „perfekt" (Z. 418), jedoch „versteht und spricht" (Z. 418) er sie. Dies „reicht" (Z. 418) seiner Aussage zufolge. Die Wahl des Verbes „reichen" verstärkt die vorherige Ausführung der Sprache als Mittel zur Verbesserung der aktuellen Situation. Es impliziert eindeutig den Zweck, den der Befragte der Sprache bzw. dem Beherrschen der Sprache zuschreibt: man muss sie verstehen können und sich verständigen können, um im Alltag zurechtzukommen. Der Unterschied zwischen Abhängigkeit und Unabhängigkeit manifestiert sich in Razas Erzählung und der Wortwahl deutlich: Er betont, dass er nicht „immer jemand mitnehmen und fragen und bitten“ (Z. 423f.) kann, was eine Abhängigkeit indiziert. Davon unterscheiden sich die Behauptungen, dass er das jetzt aufgrund seiner Sprachkenntnisse nicht mehr braucht (vgl. Z. 424: „Jetzt brauch ich nicht“) und er „selber“ (Z. 426) „überall [hin]gehen“ (z. 428) „kann.“ Er relativiert dies nochmal kurz, indem er einwirft, dass er nicht alles ganz versteht (Z. 428) aber „das [schafft]“ (Z. 428). Der Befragte resümiert die Ausführungen über seine Sprachkenntnisse mit der Feststellung, dass die Beherrschung der deutschen Sprache eine „Schwierigkeit“ (Z. 423) ist, die er „geschafft“ (Z. 423) hat, womit er nochmals die oben genannten Darstellungen von einem schwierigen Leben ohne Sprachkenntnisse und einer eigenbestimmten Verbesserung dessen unterstreicht.

6.1.1.5 Leben in der Gemeinschaftsunterkunft als dauerhafte Konfliktsituation

Der Alltag in der Gemeinschaftsunterkunft, in der sich Raza, abgesehen von der Zeit in der er allein mit seinem oben beschriebenen Mitbewohner befindet, mit zwei Personen ein nach seinen Aussagen zwischen zwanzig und dreißig Quadratmetern großes Zimmer teilt, ist geprägt von Konflikten. Die Schilderungen von fünf Konfliktsituationen stehen exemplarisch für die dauernden Auseinandersetzungen und können als Alltagssituationen des Befragten interpretiert werden. So herrschen ständige Interessenskonflikte zwischen den Mitbewohnern: Wenn einer krank ist, wollen die anderen im Zimmer trotzdem rauchen und Fernsehschauen (vgl. Z. 113f.). Wenn nur einer der drei eine Arbeit hat, stellt es für diesen sehr schwierig dar, früh ins Bett zu gehen und zu schlafen (Z. 116ff.). Dreckiges Geschirr wird selbst auf Nachfrage nicht gewaschen (vgl. Z. 123) und geraucht wird wie selbstverständlich auf dem Zimmer (Z. 127). Das grundlegende Problem ist die Auffassung jedes Mitbewohners, in seinem Zimmer alle Rechte zu haben (vgl. Z. 117f.: „die andere sind auch in gleiche Zimmer angemeldet“; Z. 128: ich bin doch hier in (…) meine Zimmer“). Es herrscht eine rücksichtslose Atmosphäre in der jeder macht, wonach ihm der Sinn steht (vgl. Z. 130) und in der nicht einmal die Grundbedürfnisse des Einzelnen nach Schlaf, Ruhe und Gesundheit berücksichtigt werden. Doch ungeachtet dieser Tatsache „muss“ (Z. 133, Z. 136) der Befragte dort wohnen und sogar dafür noch Miete bezahlen. Der Gedanke an die dreckigen sanitären Einrichtungen scheinen den Befragten so sehr zu ekeln, dass er dies nicht in Worte fassen will und die Beschreibung mitten im Satz abbricht (vgl. Z. 136f.: „Dusche und Toilette sind die so ähm also (…)“). Diese „will [er] einfach nicht (…) sehen“ (Z. 137), „muss(…)“ (Z. 137) aber dort duschen und sich waschen. Die Befriedigung der Grundbedürfnisse, nämlich die Benutzung der Dusche und Toilette, ist für den Befragten mit einem absoluten Unwillen verbunden, was die Unfreiheit dieser Situation offensichtlich werden lässt. Dem Befragten bleibt schlussendlich jedoch „[keine andere] Möglichkeit“ (Z. 138), als gegen seinen Willen die ihm zur Verfügung stehenden sanitären Anlagen zu benutzen.

Raza distanziert sich von den anderen BewohnerInnen („die Leute“ [Z. 139, Z. 148]) in der Gemeinschaftsunterkunft. Diese erhalten seiner Meinung nach finanzielle Leistungen ohne etwas dafür zu tun (Z. 175) und nebenbei sparen sie Geld, mit dem sie sich später die Miete einer eigenen Wohnung finanzieren können (Z. 152). Der Befragte versteht das Verhalten der anderen nicht, die diesen Zuwendungen offensichtlich keine Wertschätzung oder Dankbarkeit entgegenbringen, sondern nur „rauchen“ (Z. 175), „trinken“ (Z. 175) und „schlafen“ (Z: 175) und sich zudem rücksichtlos verhalten. Nicht eingehaltene Ruhezeiten und die Weigerung, gemeinsame Räume zu putzen, lösen bei Raza Unverständnis aus. Er wundert sich, dass in diesen Situationen „niemand was sagt“ (Z. 143) und wünscht sich eine Autorität, da seine Bitten nach Ruhe anscheinend nicht gehört werden und er wenig bzw. keinen Einfluss auf das Verhalten der anderen und damit auf seine direkte Umwelt, hat (vgl. Z. 117, Z, 123, Z. 127). Raza hingegen nutzt die Zeit und die ihm zur Verfügung gestellten Ressourcen, mit denen man seiner Meinung nach „viel machen“ (Z. 174) und folglich weiterkommen kann. Trotz denkbar ungünstigen Rahmenbedingungen wie einer fehlenden Arbeitserlaubnis und dem Zusammenwohnen mit fremden Leuten auf engstem Raum versucht er, die Gelegenheit und die wenigen Handlungsoptionen zu nutzen, um beispielsweise sein Deutsch zu verbessern (vgl. Z. 167).

Trotz dieser Einstellung, „das Beste aus der Situation“ zu machen, fasst Raza sein Leben in der Gemeinschaftsunterkunft als „dort leben ist... äh (4) ähm .. macht krank.“(Z. 145f.), zusammen. Diese Aussage kann, neben der wörtlichen Bedeutung aufgrund der fehlenden Bedürfnisbefriedigung nach Schlaf und Ruhe, metaphorisch für ein Leben an einem Ort, dem man ohne Mitbestimmungsrechte zugewiesen wurde und folglich wenig Möglichkeit auf eine baldige „Genesung“ hat, gesehen werden.

6.1.1.6 Umzug nach Stadt B

Raza verliert nicht viele Worte über seine letzte Zeit in der Gemeinschaftsunterkunft in Stadt A, die er aufgrund von dauerndem Streit und Ärger mit seinen neuen Mitbewohnern, sehr „unzufrieden“ (Z. 245) verbrachte. An dieser Stelle zeigt sich der Befragte jedoch der willkürlichen Zimmerzuteilung bzw. gesamten Praxis der Ausländerbehörde nicht völlig ausgeliefert. Zu diesem Zeitpunkt hatte er schon seine Verlobte kennengelernt, die ihr Studium in Stadt B fortsetzte. Der Befragte sucht sich daraufhin von Stadt A aus eine Arbeitsstelle in Stadt B (vgl. Z. 261). Dabei präsentiert er sich als aktiv Handelnder, der selbstbestimmt eine Arbeit sucht und nach dem Finden einer solchen nach Stadt B zieht. Dies bedeutet für Raza einen neuen Zeitabschnitt. Im Gegensatz zu seinem letzten Ortswechsel von Karlsruhe nach Stadt A, bei dem er lediglich „genommen“ und „geschickt“ wurde, ist der Umzug dieses Mal ein aktiver und selbstinitiierter Prozess.

Die anfängliche Zeit in Stadt B erlebt Raza als „ein (...) bisschen anders“ (Z. 266f.) bzw. konkretisiert es in ein „bisschen (h) schwierig“ (Z. 267). Dies scheint zunächst nach den gemachten negativen Erfahrungen in der Gemeinschaftsunterkunft und der unzufriedenstellenden letzten Zeit in Stadt A unerwartet. Er bezieht dies auf die Tatsache, dass er „drei vier Jahre(...)“ (Z. 268) in Stadt A wohnte. Er hatte dort „alle [s]eine Freunde“ (Z. 270) und seine Arbeit (vgl. Z. 270). Es scheint, als ob er sich trotz der Schwierigkeiten in Stadt A, zumindest in manchen Lebensbereichen, wohlfühlte und gewissermaßen dort „seinen Platz“ mit Freunden und einer Arbeit, hatte. Stadt B ist zu diesem Zeitpunkt für ihn nur ein anderer Ort „irgendwo anders“ (Z. 273) in Deutschland, in welchem er keine Menschen kennt (vgl. Z. 274). Das erinnert an seine Anfangszeit, als Raza in ein ihm unbekanntes Deutschland kommt. Es wird deutlich, welche Bedeutung ein Netzwerk an sozialen Beziehungen und die Arbeit für den Befragten spielen. Diese scheinen auf den ersten Blick mehr ins Gewicht zu fallen als die schwierigen zurückgelassenen Umstände in der Gemeinschaftsunterkunft.

Raza markiert jedoch in seiner Erzählung zu seinem Leben in Stadt B einen erneuten Zeitabschnitt, (vgl. Z. 274: „Aber dann“), als er merkt, dass dies seine „beste“ (Z. 276) Zeit in Deutschland ist. Der Grund ist das Zusammenleben mit seiner damaligen Verlobten und dem Auszug aus der Gemeinschaftsunterkunft. Raza spricht in diesem Zusammenhang zum ersten Mal von „meine[r] Zeit“ (Z. 278), was den Unterschied zu vorherigen fremdbestimmten Zeitabschnitten erneut zum Ausdruck bringt. Der Befragte zeigt eine selbstbestimmte Haltung gegenüber seiner Zeit in Stadt B. Zentral sind auch hier die vorhin identifizierten zentralen Ressourcen Freunde und seine Arbeit. Raza ist froh, mit seiner Verlobten zusammenwohnen zu können und lernt zudem schnell Freunde in Stadt B kennen. Zusätzlich macht ihm seine Arbeit Spaß, was insgesamt zu einem positiven Gefühl beiträgt.

Er zieht sodann einen eindeutigen Schlussstrich hinter die Zeit in Stadt A, indem er erwähnt, dass er seine Vergangenheit fast vergessen hat (vgl. Z. 282f.). Es wird deutlich, dass die fast vier Jahre in der Gemeinschaftsunterkunft keine gute Erfahrung für den Befragten darstellen und er sich von dieser Zeit distanziert, indem er sie in der Vergangenheit verortet und damit eine klare Grenze zur Gegenwart zieht.

Verdrängen und vergessen scheint hier die Bewältigungsstrategie des Befragten zu sein. Es wird deutlich, dass dies nicht ganz gelingt, da er davon spricht, dass er die Vergangenheit „fast“ (Z. 282) vergessen hat. Raza grenzt die „vergessene Vergangenheit“ ein indem er sie auf die Zeit im „Asylheim“ (Z. 287) bezieht und Freunde dabei ausklammert (vgl. Z. 283: „Also nicht Freunde“, vgl. auch Z. 249ff.). Es wird offenkundig, welchen Stellenwert Freunde für den Befragten haben: Sie können unzufriedene und schwierige Zeiten erträglicher machen und sind dauerhafter und bleibender als Erinnerungen an schwere Phasen.

6.1.1.7 Die Vorstellung einer glücklichen und „normalen“ Zukunft

Auf die Frage der Autorin nach „Pläne[n] oder Wünsche[n]“ (Z. 454) und wie er sich seine Zukunft vorstellt (vgl. 453f.), ist eine große Erleichterung seitens des Befragten zu erkennen. Er geht zunächst auf die gegenwärtige Situation ein, in der er seine Frau „Gott sei Dank“ (Z. 455) „gefunden“ (Z. 456) hat. Diese Erleichterung ist mit dem Hintergrund zu versehen, dass er mit seiner Frau nicht nur die „Partnerin fürs Leben“ (Z. 454) gefunden hat, sondern damit auch die Möglichkeit auf einen rechtmäßigen Aufenthalt in Deutschland. Zuvor hatte er, wie der Befragte in einem anderen Gespräch mitteilte, bereits einen Abschiebungsbescheid erhalten. Er muss nun nicht mehr zurück nach Pakistan gehen und kann nun selbst entscheiden, was er will, nämlich „hierbleiben“ (Z. 461). Der Befragte besitzt zwar immer noch eine Duldung,[92] aber da er weiß, dass er bald eine Aufenthaltserlaubnis bekommt, ist er sich der neuen Möglichkeiten die sich ihm dabei auftun bewusst: er kann eine „Ausbildung anfangen“ (Z. 462), er hat „mehrere Chance[n] [einen] gute[n] Job zu finden“ (Z. 463) und kann weiter Deutsch lernen (vgl. Z. 464) wobei er immer noch auf finanzielle Unterstützung von der Stadt zurückgreifen kann.

Als er auf die weitere Zukunft zu sprechen kommt, entwirft er eine Vision, in welcher seine Frau, die jetzt noch studiert, fertig mit ihrem Studium ist und ebenso wie er nach einer abgeschlossenen Ausbildung eine Arbeitsstelle besitzt. Zusätzlich spricht er davon, dass die beiden Kinder haben werden (vgl. Z. 473ff.). Der Befragte führt seine Zukunftsvorstellung weiter aus, indem er anschließt, dass er „hier (...) leben [will]“ (Z. 475f.), dass er nicht vom Reichwerden träumt (Z. 477), sondern „einfach ganz normal“ (Z. 477) mit seiner Familie leben will und „einfach zufrieden“ (Z. 479) und „einfach glücklich“ (Z. 480) sein will. Er fügt dem hinzu,

---

92 Nach Aussage des Befragten rechnet dieser damit, dass er circa sechs Monaten nach der Hochzeit eine Aufenthaltserlaubnis bekommt. Bis jetzt fiel der Befragte noch unter die Zuständigkeit der Ausländerbehörde von Stadt A. Der Wechsel der Zuständigkeit nach Stadt B ist seiner Meinung nach unter anderem ein Grund für die Verzögerung des Erhalts einer Aufenthaltserlaubnis.

dass er nicht arbeitslos werden will, sondern „einfach (…) leben“ (Z. 333) will wie „ein(…) gute[r] Mensch“ (Z. 333f.). Dies steht im Gegensatz zu vorherigen Situationen, in denen ein „Leben als guter Mensch“ aufgrund von beschränkenden Strukturen wie dem Arbeitsverbot, nicht immer möglich, sondern geprägt von Unsicherheit, Konflikten und provisorischen Lösungen wie dem Wohnen in einer Gemeinschaftsunterkunft, war. Raza spricht selbstbewusst von seiner Zukunft,[93] in der er sich als Subjekt wahrnimmt, welches bestimmte Bedürfnisse und Wünsche hat, die aufgrund von wegfallenden äußeren Strukturen nun auch umgesetzt werden können. Diese Wünsche und Bedürfnisse charakterisiert er als „ganz normal“ (Z. 477) und verortet sich mit seiner Vorstellung eines „einfach“ (Z. 480) glücklichen und zufriedenen Lebens innerhalb des dominierenden Lebensentwurfes einer deutschen Mittelschicht. Der Befragte blickt optimistisch in die Zukunft, die in seinen Erzählungen mit Wörtern wie zufrieden, glücklich, leben, normal und gut illustriert wird (im Gegensatz zu den prägenden Adjektiven wie laut, krank und schlimm im Zusammenhang mit dem Leben in der Gemeinschaftsunterkunft).

6.1.1.8 Duldung als Ausdruck für das Machtgefälle zwischen Raza und den deutschen Behörden

In Razas Erzählung über die Duldung[94] lassen sich zwei sich gegenüberstehende Erzählfiguren ausmachen: auf der einen Seite der deutsche Staat, repräsentiert durch die Ausländerbehörde in Stadt A, welche zuständig für die Erteilung der Duldung bzw. deren Verlängerung ist. Auf der anderen Seite findet sich der Befragte, der im Besitz einer Duldung ist. In der Darstellung lässt sich der offensichtliche Machtunterschied der Beziehung der beiden Seiten feststellen: So ist Raza, der in diesem Abschnitt selten über sich in „Ich“-Form spricht, das erleidende Objekt, wohingegen die Ausländerbehörde als handelndes und vor allem forderndes

93 Im Abschnitt über die Zukunft findet sich dreimal die Satzkonstruktion „ich will“ (vgl. Z. 475, Z. 476, Z. 477). Dies steht im Gegensatz zu Erzählungen an anderen Stellen wie beispielsweise die Passage über die Duldung oder über das Leben in der Gemeinschaftsunterkunft, welche geprägt sind von Beschreibungen und Erzählungen von anderen Leuten und Gegebenheiten.

94 Obwohl der Befragte wusste, dass das Forschungsfeld der Arbeit geduldete Flüchtlinge sind, kam er in seiner Erzählung nicht explizit auf seine Duldung zu sprechen. Allerdings spielte diese jederzeit eine Rolle, da sie die rechtlichen Grenzen setzt, denen der Befragte ausgesetzt war und die während des Gespräches allgegenwärtig waren. Erst auf die Nachfrage der Interviewerin (vgl. Z. 340) bezieht sich Raza unmittelbar auf seinen Status der Duldung.

Subjekt dargestellt wird. So erzählt der Befragte wie „die“ von der Ausländerbehörde *deinen* Pass *haben wollen* (vgl. Z. 344)[95] und *dich abschieben wollen* (vgl. Z. 350), wie „die“ *dir* drei Monate *Verlängerung geben* (vgl. Z. 353) und dabei „viele *Fragen*“ (Z. 366) *stellen*. „Die“ von der Botschaft *überprüfen dich* „überall“ (Z. 381) um etwas von *dir* zu finden (vgl. Z. 383) und dürfen *dich* schlussendlich „*einfach nehmen*“ (Z. 389) und zum „Flughafen (…) *bringen*“ (Z. 389) (Hervorhebungen durch die Autorin). Demgegenüber steht der Befragte als Objekt dieser Politik: Er *erhält* eine Duldung (vgl. Z. 343), er *muss* (eigentlich) ausreisen (vgl. Z. 347, Z. 372), *bekommt* immer eine dreimonatige Verlängerung (vgl. Z. 364), sollte seinen Pass auf das Ausländeramt mitbringen (vgl. Z. 373) und *muss* von Amt zu Amt gehen um Bescheinigungen zu *erhalten* (vgl. Z. 363) oder Anträge zu stellen (vgl. Z. 377). Schließlich kann es immer sein, dass man abgeschoben wird (vgl. Z. 378). Dabei „nimmt“ einen die Polizei „einfach“ (Z. 389) und bringt einen zum Flughafen (vgl. Z. 389). Raza nimmt sich in dieser Phase als sehr fremdbestimmt und hilflos gegenüber der deutschen Politik und unberechenbaren Folgen derer wahr. Durch die Verwendung von vielen wörtlichen Zitate wird offensichtlich, wie emotional nahe dem Befragten die rekapitulierten „Besuche“ auf der Ausländerbehörde zum Interviewzeitpunkt noch sind (vgl. Z. 370f.; Thielen 2009: 129). Raza erzählt von der Angst, die man „immer“ (Z. 379) hat, weil man befürchten muss, dass die Behörde deinen Pass findet und dich dann abschieben kann. Er erläutert, dass „die“ (Z. 381) dich in Pakistan und überall überprüfen und nicht nur dein Reisepass notwendig ist, sondern auch dein „normaler Ausweis oder Schulzeugnisse“ (Z. 383) ausreichend für eine Identifikation und damit verbundener Abschiebung. Hier wird wiederum die vom Befragten wahrgenommene Macht und Einfluss der Ausländerbehörde ersichtlich, welche die Angaben des Befragten „überall“ (Z. 381) mit irgend „etwas (…) von dir“ (Z. 383) überprüfen können. Die grenzenlose Macht wird durch die Nennung eines möglichen Endes der „Geschichte“ erneut sichtbar: „die dürfen dich auch einfach nehmen und dann nach Flughafen zu bringen“ (Z. 389). Der Flughafen dient als Sinnbild für das unwiderrufliche Ende des Aufenthaltes in Deutschland und einem Scheitern im Asylverfahren bzw. einer Niederlage gegenüber den deutschen Behörden und damit der Rückkehr in ein Land, aus dem man geflüchtet ist bzw. einer Abschiebung in ein anderes Land.

Raza zufolge ist die Duldung die „schlimmste Zeit als Asylbewerber“ (Z. 402). Auffällig ist, dass er dabei nicht von sich spricht, sondern sich von der augenscheinlich schmerzlichen Erfahrung distanziert und von AsylbewerberInnen im Allgemeinen, denen er jedoch zugehörig ist, spricht. Im Gegensatz zu anderen

95 Die folgenden Kursivsetzungen sind wie bereits in Fußnote 91 angemerkt, nicht im Rahmen der verwendeten Transkriptionsregeln zu verstehen, sondern dienen der Verdeutlichung des geschilderten Sachverhaltes.

Stellen, an denen der Befragte ebenfalls eine bewertende Haltung gegenüber bestimmten Zeitabschnitten einnimmt, verwendet er bezüglich der Duldung ein Superlativ um dem Gesagten noch mehr Nachdruck zu verleihen.

6.1.2 Zusammenfassende Rekonstruktion der Handlungsfähigkeit

Innerhalb Razas Erzählung lässt sich bezüglich Agency eine *Grundfigur* rekonstruieren, die als Nutzung von Unterstützung zur (Wieder-)Herstellung von Handlungsfähigkeit beschrieben werden kann. Zentral ist hierbei unter anderem die Einstellung des Befragten zum deutschen als auch pakistanischen System.[96] Vergleicht man Razas Beschreibungen des pakistanischen Gesundheitssystems sowie dem „Führerschein-und Terminesystems" (vgl. Z. 63, 84) mit den Ausführungen über diese Bereiche in Deutschland, sind erstere geprägt von Korruption, Willkür und Ungleichbehandlung. Demgegenüber assoziiert der Befragte mit der in Deutschland vorzufindenden Ordnung dieser Teilsysteme Verlässlichkeit, Berechenbarkeit, Gleichberechtigung und Regeln, welche eingehalten werden. An mehreren Stellen der Erzählung zeigt er sich gegenüber dem deutschen Sozialsystem bzw. den Zuwendungen und der „großen Hilfe" (Z. 165) des Sozialamtes dankbar und erkennt deren Nützlichkeit und Notwendigkeit an (vgl. Z. 13, Z. 45, Z. 165, Z. 464). Während der Beschreibung wird ersichtlich, dass es unter den pakistanischen Gegebenheiten sehr schwierig ist, Handlungsfähigkeit, die über die „alltägliche lebenspraktische und psychosoziale Selbsterhaltung" (Scherr 2013: 240) hinausgeht, herzustellen. Den Schilderungen zufolge verliert man kostbare Zeit, indem man beispielsweise den ganzen Tag auf einer Behörde in der Schlange steht (vgl. Z. 94) oder man sich Gedanken und Sorgen um seine Gesundheitsversorgung machen muss (vgl. Z. 59f.). Hat man nicht genügend finanzielle Mittel oder die richtigen Kontakte, ist man schlecht ausgebildetem medizinischen Personal und deren willkürlicher Verabreichung von Medikamenten ausgesetzt. In der Erzählung wird deutlich, wie eingeschränkt sich Raza von den korrupten Strukturen seines Heimatlandes fühlt. Im Gegensatz dazu schätzt er das deutsche System, welches er als „sehr sehr wichtig" (z. 46) ansieht und gerne auch in Pakistan vorfinden würde. An dieses funktionierende System zahlt er auch „gerne" (Z. 332) Steuern, da er sich dessen Vorteile bewusst ist und seinen Teil dazu beitragen

96 Der Befragte verweist in seiner Erzählung häufig auf das deutsche bzw. pakistanische „System". Da er dies nicht weiter differenziert, wird dieser Begriff hier ebenfalls verwendet. Damit gemeint ist damit das Gesundheitssystem, aber auch das Sozialsystem als auch das allgemeine deutsche Gesellschaftssystem als Organisationsform und gesellschaftliche Struktur.

möchte.[97] Damit wird ersichtlich, dass die verlässlichen Strukturen, welche Raza in Deutschland durch das System gewährleistet empfindet, für den Befragten einen ermöglichenden Rahmen schaffen, in welchem Handlungsfähigkeit, welche über die Verfolgung von Gewohnheiten hinausgeht, herausgebildet werden kann *(vgl. erste Frage bei Emirbayer und Mische [1998]).*

Gleichzeitig lässt sich eine temporale Komponente bezüglich der Einstellung zum System identifizieren. So scheint Raza die Unterstützung anfangs als eine Art Starthilfe zu nutzen und ist froh um eine Versicherung, eine grundlegende medizinische Versorgung sowie der Möglichkeit, Deutsch zu lernen. Das System dient Raza als Kontext, um zu mehr Unabhängigkeit und Selbstbestimmtheit zu gelangen und sich damit gleichzeitig mehr, und so gut wie möglich, vom System und seiner Gebundenheit an dieses, zu lösen. Denn als ein weiterer zentraler Aspekt in Razas Leben, der vor dem Hintergrund der anderen Überlegungen betrachtet werden muss, ist Unabhängigkeit. Dies wird an mehreren Stellen der Erzählung deutlich: So will er sich nicht von sozialen Kontakten und deren Sprachkenntnissen abhängig machen, will nicht in finanzieller Schuld von anderen stehen und betont stolz, dass er seit Erhalt der Arbeitserlaubnis, keine finanziellen Leistungen mehr vom Staat bekommt. Zusätzlich zur Vorstellung von einer festen Arbeitsstelle in Zukunft erzählt er nach dem Interview (vgl. Interviewprotokoll), dass er davon träumt, später ein eigenes kleines Restaurant aufzumachen, was ein weiterer Schritt in Richtung Unabhängigkeit ist. Das Unabhängigkeitsstreben ist bei Raza ebenso mit einer Normalitätsvorstellung verbunden, was in seiner Erzählung über sein zukünftiges Leben, in welchem er einfach glücklich und normal leben will, zum Vorschein tritt. Der Befragte möchte ein Leben führen, in welchem er selbstbestimmt ohne Unterstützung leben kann, und welches er nach seinen Wünschen und Vorstellungen gestalten kann.

Bei der Interpretation des Interviews lässt sich ebenso die im Agency-Konzept vertretene Vorstellung über die Fähigkeit von Individuen, *sich gleichzeitig in unterschiedlichen Kontexten zu bewegen*, bestimmen *(vgl. zweite Frage bei Emirbayer und Mische [1998]).* So findet beispielsweise Raza sofort nach Erhalt einer Arbeitserlaubnis eine Arbeitsstelle und ist von da an finanziell unabhängig. Zeitgleich präsentiert er sich dazu als isoliert, einsam und sehr passiv im Wohnheim, nachdem sein Mitbewohner ausgezogen ist. Sein Tag besteht lediglich aus

97 Dabei ist auffällig, dass er auf der einen Seite begeistert von der Nützlichkeit und Funktionalität verschiedener Bereiche des deutschen Systems redet. Auf der anderen Seite ist dies auch das System, aufgrund dessen Regelungen er beispielsweise in einer Gemeinschaftsunterkunft wohnen musste und nur eine Duldung besitzt, unter welchen Umständen er offensichtlich zu leiden hatte. In der Erzählung Razas kommt es dabei jedoch zu keiner Verknüpfung der unterschiedlichen Bereiche bzw. Auswirkungen des Systems.

Arbeiten und „Zuhausesein", er scheint keine wirklichen sozialen Kontakte außerhalb der Arbeit zu knüpfen und scheint diesen Zustand eher passiv zu ertragen als aktiv etwas daran zu ändern. Dies verdeutlicht die relationale Einbettung des handelnden Akteurs, dessen *Agency* nicht als gegebene Eigenschaft, sondern *als kontextuell situierte Fähigkeit* verstanden werden muss.

Bei der Betrachtung von Razas Erzählung ist bemerkenswert, wie der Befragte selbst in sehr einschränkenden Strukturen die geringen vorhandenen Ressourcen nutzt. So ist er sich seiner anfänglichen Hilflosigkeit in Deutschland bewusst und ist dankbar um das Sozialamt, das ihn in Form einer Unterkunft und finanziellen Mitteln unterstützt. Es scheint, als ob er sich trotz objektiv vorzufindender Ohnmacht gegenüber einschränkenden Strukturen zu gewissen Teilen als handlungsfähig wahrnimmt. Dies lässt sich auf die Tatsache zurückführen, dass er Unterstützungsprozesse nicht (immer) als Entmündigung und Fremdbestimmung wahrnimmt, sondern ebenso als Mittel, um verlorene Agency wiederherzustellen. Somit lässt sich Raza in dem ihm vorgegebenen strukturellen Kontext als bedingt handlungsfähig konzipieren, indem er sich Wegen bewusst ist, wieder ein selbstbestimmtes Leben zu führen. Damit sieht er die positiven Aspekte der Hilfe und Unterstützung, auf die er trotz allem angewiesen ist. Es lässt sich ein pragmatischer Umgang mit der Abhängigkeit vom System erkennen, indem er es, so gut wie möglich, für seine Zwecke nutzt. Der Befragte weiß, wie er innerhalb von vorgegebenen Kontexten und Strukturen handeln kann und muss, um persönliche Möglichkeitsräume zu erweitern. So erzählt er im Anschluss an das Interview, dass er gerne eine Kochausbildung machen möchte. Er fügt dem hinzu, dass er zwar schon sehr oft als Koch gearbeitet hat und deshalb sehr gut kochen kann, er jedoch weiß, dass man in Deutschland formelle Abschlüsse braucht, um bestimmte Positionen bzw. Stellen zu besetzen (vgl. Interviewprotokoll). Raza eignet sich hier, gemäß der oben präsentierten Definition von Agency, „*kulturelle Kategorien sowie Handlungsbedingungen auf der Grundlage persönlicher (...) Interessen [an, um sie] potentiell zu verändern*" (Scherr 2012: 108).

In den Zeiten, in denen der Befragte einem Arbeitsverbot unterliegt und in den beengenden Verhältnissen der Gemeinschaftsunterkunft leben muss, lässt sich seine *Agency als Wissen über erschließbare Möglichkeiten der (Wieder-)Herstellung dieser*, konzipieren (vgl. Bender et al. 2013: 262). So findet eine eindeutige Problemerkennung in Bezug auf die mangelnden Sprachkenntnisse und der folgenreichen Bewältigung des Alltages statt. Raza ist sich dessen bewusst und nimmt aktiv Einfluss auf diese einschränkenden Lebensbedingungen, indem er sich darum „kümmert" (Z. 416), die Sprache zu lernen. Dabei lässt sich eine projektive Dimension von Agency herausarbeiten: Der Befragte lässt sich, bis auf wenige Stellen, von den restriktiven Bedingungen, die sich nur zum Teil verändern lassen, nicht entmutigen, sondern hofft auf eine Besserung in der Zukunft. Auf diese wartet er jedoch nicht nur untätig, sondern handelt vor dem Hintergrund gemachter Erfahrungen und der Vorstellung einer besseren Zukunft.

Emirbayer und Mische (1998) beziehen in ihre Konzeption von Agency ebenso die Rekonstruktion bzw. reflexive Auseinandersetzung derer mit ein. So wird Agency gemäß der Theorie ebenso retrospektiv erlangt und verändert, indem Akteure ihre Handlungen und ihre Handlungsfähigkeit bewerten und beurteilen können *(vgl. dritte Frage bei Emirbayer und Mische [1998]).* An einigen Stellen des Interviews äußert sich Raza explizit zu von ihm bewältigten Herausforderungen (vgl. Z. 422), wodurch eine gegenwärtige Rekonstruktion von vergangener Handlungsfähigkeit und Einflussnahme auf Handlungsbedingungen ersichtlich wird. Als Folge des Erwerbs einer Arbeitserlaubnis nach einem Jahr sowie verbesserter Sprachkenntnisse nennt Raza die Tatsache, nun „überall" (Z. 328) arbeiten zu können und dank seiner Deutschkenntnisse „überall" (Z. 428) selbstständig hingehen zu können. Diese Aussagen sind im Zusammenhang mit den bei Schütze (1983) in der Theorie verankerten evaluativen Äußerungen im Rahmen einer Wissensanalyse interessant zu betrachten. Faktisch gesehen besitzt Raza zwar eine Arbeitserlaubnis, da er aber weder in Pakistan noch in Deutschland eine formale Ausbildung durchlaufen hat, ist davon auszugehen, dass ihm auch gegenwärtig aufgrund dessen der Zugang zu vielen, vor allem besser bezahlten, Arbeitsstellen verwehrt bleibt. Betrachtet man die Wahrnehmung des Befragten von fast schon grenzenlosen Möglichkeiten im Rahmen seines „lebensgeschichtlichen Ereignis- und Erfahrungsrahmen" (Schütze 1983: 265), hier vor allem eingegrenzt auf die Zeit in Deutschland, wird deren Entstehung und Funktion verständlich. So erscheint sowohl der Arbeitsmarkt als auch das deutsche Alltagsleben nach den vorherigen Einschränkungen durch Arbeitsverbot und Vorrangprüfung sowie fehlender Kommunikationsmöglichkeit nun als „bezwingbar" und offen für den Befragten und seine Bemühungen. Gleichzeitig schafft Raza sich dadurch erweiterte Handlungs- und Gestaltungsoptionen, wodurch eine verstärkte Wahrnehmung der Selbstwirksamkeit erreicht wird.

Zu beachten ist hinsichtlich dieser Beobachtungen die Tatsache, dass Raza zum Zeitpunkt des Interviews bereits mit seiner deutschen Frau verheiratet ist und sich sicher ist, zeitnah eine Aufenthaltserlaubnis zu bekommen. Es kann vermutet werden, dass der Befragte aus dieser Situation einer gewissen Sicherheit heraus Agency in besonderer Weise (re-)konstruiert. Doch diese, in diesem Falle positive, Rekonstruktion, hat nach Emirbayer und Mische (1998) Einfluss auf die jetzige Handlungsfähigkeit. So wirken subjektivierte Zuschreibungen von Handlungsfähigkeit in der Vergangenheit und damit positive Erlebnisse bezüglich der Selbstbestimmungsfähigkeit förderlich auf die aktuelle Handlungsfähigkeit und Selbstwahrnehmung des Befragten bezüglich gegenwärtigen Problemlagen (vgl. ebd.: 1010ff.).

Trotz der skizzierten Handlungsfähigkeit in Form von Nutzung von und Wissen über Unterstützungsprozesse wird jedoch bei Betrachtung des Interviews von Raza ebenso deutlich, welchen gravierenden und beschränkenden Einfluss der Status der Duldung auf Handlungs- und Lebensgestaltungsoptionen hat. Die mit einer Duldung verbundenen Regelungen und Bestimmungen tangieren alle Lebensbereiche – von der Erfüllung existenzieller Bedürfnisse über die Art des Wohnens bis zur Möglichkeit der eigenständigen Lebenssicherung. Raza lässt sich in dem Maße als handlungsfähig konzipieren, als dass er, sobald sich Handlungsoptionen auftun, diese erkennt und nutzt. Gleichzeitig stoßen seine Bemühungen um Selbstbestimmung jedoch auch an unveränderliche Grenzen in Form von restriktiven Gesetzen und Regelungen der deutschen Asylpolitik. An manchen Stellen erscheinen diese fehlenden Möglichkeiten nicht durch Ressourcen des Befragten kompensiert werden zu können. Die einschränkenden Strukturen wirken übermächtig und verhindern, dass Ziele mithilfe von persönlichen Fähigkeiten und Kapazitäten erreicht werden können (vgl. Bender et al. 2013: 265). Es wird erkennbar, welcher Fremdbestimmung Akteure während einer Duldung ausgesetzt sind und welche Anstrengung es sie kostet, in diesen Strukturen ein gewisses Maß an Handlungsfähigkeit aufrechtzuerhalten bzw. zu erlangen. Gleichzeitig wird in Razas Erzählung erkennbar, wie viele neue Gestaltungsmöglichkeiten sich beim Wegfall der Duldung plötzlich auftun (vgl. Z. 462ff.), wodurch der erhebliche Beitrag dieser zur Beschränkung der Handlungsfähigkeit der Personen erneut sichtbar wird.
Anhand der Interpretationen lässt sich für Razas Fall feststellen, dass, entsprechend der hier verwendeten Agency-Konzeption, *soziale Strukturen sowohl beschränkend als auch ermöglichend* sein können und dementsprechend als solche entworfen werden müssen. Die zunächst offensichtlich einschränkenden Strukturen werden von Raza in dem Sinne genutzt, als dass sie ihm zu einem gewissen Maß an Handlungsfähigkeit und Unabhängigkeit verhelfen, indem er sich ihrer Verlässlichkeit gegenüber des pakistanischen Systems bewusst ist und finanzielle Zuwendungen als auch vorhandene Zeitfenster nutzt, um die Sprache zu lernen, Geld für eine eigene Wohnung zu sparen und Zukunftspläne zu entwerfen. Dabei werden, wie an anderen Stellen auch, die *Wechselwirkung und das Zusammenspiel von individueller Selbstbestimmung und sozialer Bestimmtheit* offenkundig. Der Befragte nimmt die Handlungsbedingungen und die ihn umgebenden Strukturen und die daraus resultierenden Spielräume wahr. Diese bedingen damit seine unterschiedlich ausgerichteten Handlungen und die Ausprägung seiner Handlungsfähigkeit. Durch diese verändert er jedoch wiederum Strukturen und Kontexte, indem er sich beispielsweise durch das Erlernen der Sprache weitere Bereiche des Alltages zugänglich macht oder indem er durch eine Ausbildung seine Chancen auf dem Arbeitsmarkt erhöht.

6.2 Nazim aus dem Kosovo

Nazim ist ein 19-jähriger Roma und stammt aus dem Kosovo, wo er bis zu seiner Flucht mit seiner Familie ca. 30 km von der Stadt Pristina lebte. Er ist seit 2010 in Deutschland und ist seinen Aussagen zufolge mit seinen Eltern und seiner jüngeren Schwester von den Folgen des Krieges im Kosovo geflohen. Zudem gehört er der Minderheit der Roma an, welche im Kosovo unter massiver sozialer Ungleichheit und Diskriminierung zu leiden haben (vgl. Narr/Scherr 2013: 7). Nach einer kurzen Zwischenstation in Serbien ist die Familie nach Deutschland gekommen. Die anderen Familienmitglieder haben aufgrund der schweren Erkrankung des Vaters inzwischen eine Aufenthaltserlaubnis. Da Nazim zum Zeitpunkt der Erteilung der Aufenthaltserlaubnis schon über 18 Jahre alt ist, wurde er gesondert behandelt und besitzt als einziger in seiner Familie noch immer eine Duldung. Er wohnt mit seiner Familie im Wohnheim B. Im August 2014 erhielt er einen Abschiebungsbescheid. Zum Zeitpunkt des Interviews (Oktober 2010) befindet sich Nazim auf der Suche nach einem Ausbildungsplatz, in der Hoffnung dadurch eine Aufenthaltserlaubnis zu bekommen. Im November des gleichen Jahres sollte seine Abschiebung vollzogen werden, woraufhin Nazim untertaucht.[98]

6.2.1 Fokussierte Falldarstellung

Die Auswertung der Erzählung von Nazim ergab fünf relevante Gliederungspunkte, anhand denen ein Einblick in Nazims Leben in Deutschland mit einem Fokus auf seine derzeitige Situation[99] gewährt wird und mithilfe derer Aussagen über die Handlungsfähigkeit des Befragten getroffen werden können.

6.2.1.1 Anfängliche Orientierungslosigkeit in Deutschland

Nazims erste Erinnerung, die er mit seiner Ankunft in Deutschland verknüpft und im Interview mitteilt ist die Überraschung, in „so [ein] Heim [zu] kommen“ (Z. 5) und nicht wie gedacht „in [eine] Wohnung [zu] gehen“ (Z. 5). Der Befragte, der

98 Im Januar 2015 trifft die Autorin Nazim noch einmal. Er erzählt ihr, dass er einen neuen Asylantrag in Karlsruhe gestellt hat und nun weiter auf Ausbildungs- bzw. Arbeitssuche ist, um die Möglichkeit auf ein Bleiberecht zu erhalten.

99 Nazim erschien der Autorin sowohl im Vorgespräch als auch beim Interview selbst als sehr angespannt und vereinnahmt durch aktuelle Probleme, sodass er während der Erzählung immer wieder auf diese zu sprechen kam und sich damit keine chronologische Erzählweise einstellen konnte.

mit seiner Familie nach Deutschland gekommen ist, hat keinerlei Einfluss auf seinen zukünftigen Wohnort und der Art der Unterkunft. Die Familie kann nicht eigenständig in eine Wohnung gehen, sondern kommt aufgrund von gesetzlichen Vorgaben in ein „Heim" (Z. 5). Anfangs verspürt Nazim ein allumfassendes Gefühl von Fremdheit und Unbekanntem, da er „Deutschland nicht [kannte]" (Z. 6), was dazu führt, dass er seine Anfangszeit als „schlecht" (Z. 21) erlebt. Dies führt er vor allem auf die nicht vorhandenen Deutschkenntnisse zurück. Das wirkt sich gravierend auf die anfängliche Situation der Familie aus. Die fehlenden Sprachkenntnisse sowie das Fremdsein implizieren das Erleben mangelnder Agency, was sich in von Nazim aufgezählten Fragen wie „wo sollen wir gehen (?) wo/ wo sollen wir lieben [leben] (?) (....) können wir einkaufen (?)" (Z. 24f.) wiederspiegelt. Dies zeigt eine Hilfs- und Orientierungslosigkeit aufgrund von mangelndem bzw. nicht vorhandenem Wissen über bestimmte Handlungsoptionen, die von existentiellen Bereichen wie der Frage nach einem (sicheren) Ort zu leben bis hin zu alltagspraktischen Bereichen wie der Frage nach Einkaufsmöglichkeiten reicht. Nazim schließt die Erzählung über die Anfangszeit in Deutschland mit der Feststellung, dass sie ein „bisschen gelähmt" (Z. 26f.) waren, ab. Damit wird das Ausmaß der Hilfs- und Orientierungslosigkeit ersichtlich, welches die Familie in einen Zustand der Macht- und Kraftlosigkeit versetzt, in welcher sich der Befragte als massiv eingeschränkt bzw. „gelähmt" fühlt. Nazim versucht dieser Situation der Lähmung aktiv entgegenzuwirken, indem er, nachdem er erkannte wie wichtig die Sprache für die Bewältigung des Lebens ist, in die Schule geht und dort versucht einen Abschluss zu machen.

6.2.1.2 Leben in der Gemeinschaftsunterkunft als multiple Einschränkung

Nach der anfänglichen Verwunderung und Irritation, in eine Gemeinschaftsunterkunft und nicht in eine Wohnung zu ziehen, resümiert Nazim das Leben in der Unterkunft mit der Feststellung, dass man „hier (...) nicht wohnen [kann]" (Z. 11f.). Die derzeitige Wohnsituation des Befragten wirkt ein- und beschränkend auf verschiedene Bereiche des Lebens. Nazim erwähnt die schwere Krankheit seines Vaters, aufgrund dessen dieser Ruhe bedarf. Dies stößt jedoch auf Unverständnis bei den NachbarInnen, mit denen man ständig „Stress" (Z. 31) hat und keine Rücksicht auf den kranken Vater nehmen, sondern dauernd Lärm verursachen (vgl. Interviewprotokoll). Dies wirkt kontraproduktiv auf die Genesung des Vaters, um den der Befragte sich große Sorgen zu machen scheint. Vor allem nach dem Interview bringt Nazim weitere Argumente, warum ein richtiges Leben in der Unterkunft unmöglich ist (vgl. Interviewprotokoll): Da ihre direkten NachbarInnen Christen sind, wird in der gemeinsamen Küche Schweinefleisch gekocht, was sich behindernd auf die Praktizierung des muslimischen Glaubens der Familie des Befragten auswirkt. Aufgrund des herumliegenden Mülls und der Ratten erlebt Nazim das Leben in der Unterkunft wie das eines „Schweines“ (vgl. Interviewprotokoll), was im Widerspruch zu seinem Wunsch, wie ein „Normaler“ (vgl. ebd.) zu leben, steht. Zu einem „normalen“ Leben gehört für ihn beispielsweise auch die Möglichkeit, eine Freundin mit nach Hause bringen zu können. Dies ist jedoch unter diesen Umständen für den Befragten nicht möglich. Diese massiven Einschränkungen und Benachteiligungen scheinen derzeit für Nazim nur mit der Hoffnung und Aussicht, bald in eine Wohnung ziehen zu können, erträglich zu sein (vgl. Z. 34).

6.2.1.3 Musik und Tanz als Ausdruck persönlicher Interessen und Fähigkeiten

Im Gegensatz zu Erzählungen über die Suche nach einer Arbeit und der unzufriedenstellenden Wohnsituation vermittelt Nazim bei Erzählungen über die Musik und dem Tanzen das Bild eines handlungsfähigen und selbstbestimmten Individuums, welches ein Hobby ausübt und dies „gerne“ (Z. 234) tut. Nazim ist Sänger in einer Musikgruppe, die im Rahmen des Romabüros der Stadt B entstanden ist. Die Lieder, die sie dort singen und spielen, sind auf Albanisch und Romanes, weshalb sie auch oft auf Hochzeiten von Roma spielen. Das Mitwirken in einer Musikgruppe stellt für Nazim ein Weg dar, Traditionen aus seinem Herkunftsland in Deutschland weiterzuführen und damit eine Verbindung zum Kosovo, den er ungewollt mit seiner Familie verlassen musste, aufrechtzuerhalten. Als Sänger spielt Nazim eine wichtige Rolle in der Musikgruppe, welche laut ihm auf ihn angewiesen ist (vgl. Z. 257ff.).

Neben dem Singen in der Band ist es vor allem Hip Hop sowie Breakdancetanzen, welches für Nazim eine zentrale Rolle in seinem Leben spielt. Er ist verantwortlich für die Tanzgruppe des Romabüros, was unter anderem das Training von jüngeren Kindern als auch Gleichaltrigen und Erwachsenen beinhaltet (vgl. Z. 293ff.). Der Befragte erzählt von Tanzturnieren im Kosovo bzw. im „ganze[n] Balkan“ (Z. 272). Somit stellt auch das Tanzen ebenso wie das Singen eine Verbindung zu Nazims Leben vor der Flucht, in dem er viel und gut tanzte, dar. Nazim bezeichnet sich selbst als „Halbprofi“ (Z. 270) und beschreibt eine Tanzstunde, in welcher er die Choreographie vortanzt und bei Bedarf die anderen korrigiert. Das Tanzen ist für den Befragten im Gegensatz zu seiner bislang erfolglosen Arbeitssuche und dem damit vergeblichen Bemühen um eine Aufenthaltserlaubnis, ein Bereich in seinem Leben, in dem er sich seiner Fähigkeiten und Talente bewusst ist und diese gewinnbringend einsetzen kann. Er wird von den anderen respektiert und gebraucht. Anders als bei seinem Schulbesuch, der für ihn mit viel Anstrengung und Misserfolgen verbunden ist, sind das Tanzen und das Singen durch Freude, Freiwilligkeit und Begabung gekennzeichnet. Zusätzlich dazu nimmt er das Tanzen als auch das Singen in der Musikgruppe als eine gemeinschaftsstiftende Beschäftigung wahr (vgl. Z. 296ff.). Demgegenüber steht beispielsweise die Tatsache, dass er als einziges Familienmitglied noch immer eine Duldung hat und deshalb im schlimmsten Falle auf sich selbst gestellt ist. So ist er ebenso allein dafür verantwortlich, mithilfe einer Ausbildung oder einer Arbeit eine Aufenthaltserlaubnis zu bekommen.

6.2.1.4 Arbeit und Ausbildung als zentrales Moment

Das Suchen bzw. Finden einer Arbeits- oder einer Ausbildungsstelle stellt sich als derzeit drängendste Angelegenheit in Nazims Leben dar. Bereits bei der Kontaktaufnahme erwähnte der Befragte sofort, dass er zurzeit sehr viel „Stress“ habe, weil er einen Ausbildungsplatz suchen muss. Mit dem Erhalt einer Ausbildung bzw. einer Arbeitsstelle würde Nazim der angedrohten Abschiebung entkommen können und hofft damit langfristig auf eine Aufenthaltserlaubnis (vgl. Z. 159f.). Es wird deutlich, dass der Befragte lieber eine Ausbildung beginnen, gegebenenfalls aber auch direkt zu arbeiten anfangen würde (vgl. Z. 162ff.). Er merkt an, dass es schwierig ist, einen Ausbildungsplatz zu finden, wenn man den ArbeitgeberInnen nur eine Duldung für jeweils drei Monate vorweisen kann (vgl. Z. 155), womit die Einschränkungen und der Einfluss einer Duldung auf aktive Bemühungen des Befragten bei der Suche nach einer Arbeit deutlich werden. Neben der Möglichkeit, in Deutschland bleiben zu können, erfüllt eine Arbeit bzw. eine Ausbildung weitere Funktionen für den Befragten: So geht Nazim davon aus, dass er mit einer abgeschlossenen Berufsausbildung eine Arbeit findet und damit nicht mehr abhängig von seinem Vater ist (vgl. Z. 159). Zusätzlich würde er dessen Erwartung an einen Sohn, der nicht jeden Tag zuhause ist, sondern wie andere „Leute“ (Z. 185) arbeiten geht, erfüllen. Neben einer, vor allem finanziellen, Unabhängigkeit, der Erfüllung der väterlichen Erwartung und dem Erhalt eines Passes ist auch die Möglichkeit zur Familiengründung mit einer Arbeits- oder Ausbildungsstelle verknüpft. Nazim erzählt vom Brautpreis in Höhe von 15 000 Euro, den der Vater seiner ehemaligen Freundin von seiner Familie forderte (vgl. 195ff.). Da Nazims Familie diesen nicht bezahlen kann, hat er sich von seiner Freundin getrennt und will erst, wenn er einen sicheren Aufenthalt und vor allem Arbeit und damit Geld hat, eine Frau „finden“ (Z .212f). Mit Nazims Erwähnung, dass „Wenn das passt und dann .. alles gut“ (Z. 380) wird ersichtlich, wieviel sich bei ihm um die Frage nach einer Arbeit bzw. einer Ausbildung zentriert. Nazim hofft, wenn er eine Ausbildung macht, „dass man mein Lieben [Leben] zu werden besser.“ (Z. 163ff.). Eine Ausbildung respektive Arbeit vergrößert in der Wahrnehmung des Befragten dessen Handlungsspielraum sowie Einflussmöglichkeiten auf unterschiedliche Bereiche seines Lebens immens.

6.2.1.5 Der Wunsch nach einem „besseren Leben“ in der Zukunft

Nazims Leben ist geprägt von der Hoffnung auf ein besseres Leben und gleichzeitig einer mehrmaligen Enttäuschung derer. So flieht er mit seiner Familie aus dem Kosovo, wo man, wie er erzählt, aufgrund von Krieg und Katastrophen nicht leben kann und daher das Leben von mangelnden Ressourcen und Perspektivlosigkeit geprägt ist (vgl. Z. 110: „wo sollen wir gehen jetzt (?) (…)Wir haben kein Haus wir haben .. gar nichts zu tun, Geld.“). Er hofft, in Deutschland ein „besseres Leben“ führen zu können (vgl. Z. 114ff.: „deswegen versucht man (…) zu werden besser (…) zu leben“), was konkret ein Haus, wie sie es im Kosovo verloren haben, einen sicheren Ort, an dem der Vater seine Krankheit in Ruhe auskurieren kann sowie gesteigerte finanzielle Ressourcen bedeutet. In Deutschland erfüllt sich diese Hoffnung zunächst nicht: Die Familie kommt nicht in einem Haus, sondern in einem Zimmer in einer Gemeinschaftsunterkunft unter, in welcher der Vater die erforderliche Ruhe nicht findet. Aufgrund der beschränkten finanziellen Zuwendungen die sich aus dem Status der Duldung ergeben, hat die Familie auch in Deutschland wenig Geld, was sich unter anderem auf eine erwünschte und geplante Heirat Nazims auswirkt. In Deutschland sind es zwar keine kriegerischen Auseinandersetzungen und das Leben am absoluten Existenzminimum unter Erfahrung von massiven Diskriminierungen, doch ein unsicherer Aufenthaltsstatus mit der ständigen Möglichkeit einer Abschiebung, verhindert auch hier eine dauerhafte Perspektive in Sicherheit. Unter diesen Umständen hofft Nazim auch in Deutschland erneut auf ein besseres Leben in Zukunft (vgl. Z. 151). Dabei sieht er sich vor allem mit einer Arbeit, einer eigenen Wohnung und einer eigenen Familie.

Das Leben in Deutschland erscheint für Nazim als auch für seine Familie in den oben genannten Bereichen fast wie eine Analogie des Lebens im Kosovo. Diese gipfelt in Nazims Weggehen aus Stadt B, die er aufgrund seiner drohenden Abschiebung verlassen muss. Damit verliert der Vater nach seinem ältesten Sohn, den er im Krieg in Kosovo verloren hat, zumindest für einen gewissen Zeitraum, auch seinen zweiten Sohn. Nazim erlebt durch die zweite erzwungene „Flucht“ eine weitere Enttäuschung und einen Rückschlag in der Hoffnung auf ein besseres Leben.

6.2.2 Zusammenfassende Rekonstruktion der Handlungsfähigkeit

Als *Grundfigur* in Nazims Erzählung lässt sich der Versuch der Herstellung von Handlungsfähigkeit durch die Erfüllung von externen Erwartungen und Anforderungen identifizieren. Der Befragte ist gegenwärtig sehr eingeschränkt durch Strukturen wie den rechtlichen Bestimmungen der deutschen Asylpolitik als auch die zu erfüllenden traditionellen und familiären Erwartungen. Diese zwei sozialen Bedingungen und Prozesse können bei Nazim als derzeit dominierende Kontexte festgestellt werden. Aufgrund dieser derzeitigen Situation hofft er auf eine Verbesserung seines Lebens mit einem höheren Grad an Selbstbestimmung und Unabhängigkeit in der Zukunft (vgl. Z. 380: „Wenn das passt und dann..alles gut."). Die in der Erzählung herausgearbeitete Strategie besteht aus dem Reagieren auf diese Erwartungen, was eine kreative Agency im Sinne von alternativen Handlungsmöglichkeiten und deren Realisierung ausschließt. Damit erscheint Nazim in seinen Handlungen sehr fremdbestimmt und mit wenig Gestaltungs- und Spielraum ausgestattet.

Innerhalb seiner prekären Aufenthaltssituation versucht er, eine Arbeit bzw. einen Ausbildungsplatz zu finden, damit er eine Chance auf eine Aufenthaltserlaubnis hat. Dabei würde er gerne eine Ausbildung als Maler machen, würde aber gegebenenfalls auch direkt arbeiten, um die Bedingungen einer Bleiberechtsoption zu erfüllen. Gleichzeitig bemüht er sich die deutsche Sprache, welche Voraussetzung für eine Arbeit bzw. eine Ausbildung und damit ein Leben in Deutschland ist, zu erlernen, was ihm nach eigenen Aussagen zufolge sehr schwer fällt (vgl. Z. 75f.). Damit bringt dieser skizzierte Kontext eine Handlungsfähigkeit zutage, welche sich vor allem als Anpassung an die Gegebenheiten mit wenig Platz für eigene Wünsche und Vorstellungen, charakterisieren lässt *(vgl. erste Frage bei Emirbayer und Mische [1998]).*

Gegenüber seinem Vater nimmt Nazim als einziger Sohn bzw. als einziger Sohn, der mit dem Vater lebt, eine starke Erwartungshaltung wahr. Neben der bereits oben erwähnten Vorstellung des Vaters von einem Sohn, der regelmäßig zur Arbeit geht und nicht untätig zuhause sitzt (vgl. Z. 183f.), zielen die Erwartungen des Vaters vor allem auf eine traditionelle Vorstellung einer Familiengründung (vgl. Z. 151). Nazims Vater erwartet eine Heirat (vgl. Z. 218) und will „von [ihm] ein Kind sehen" (Z. 181). Im Zusammenhang mit einer Hochzeit sieht sich Nazim neben der väterlichen Erwartung auch mit Forderungen der Familie der Braut konfrontiert. Diese fordern gemäß der Tradition einen hohen finanziellen Preis für ihre Tochter, welchen Nazims Familie nicht aufbringen kann, was dieser sehr bedauert (vgl. Z. 202f.). Nazims Vater erwartet von bzw. wünscht seinem Sohn ein besseres

Leben als er selbst gerade führt, was Nazim ebenfalls unter einen gewissen Handlungsdruck stellt (vgl. Z. 148f.).[100] Auch in diesem Bereich lassen sich entlang Nazims Erzählung verschiedene Handlungspläne des Befragten zur Erfüllung dieser Erwartung erkennen: so hat er sich überlegt „eine Frau erst einmal zu finden (…) wenn [er seinen] Aufenthalt [hat]" (Z. 212ff.). Denn damit verbunden ist, wie oben dargestellt, eine Arbeit, die es ihm möglich macht, den Brautpreis zu zahlen (vgl. Z. 214f.) als auch eine Wohnung zu mieten. Der Besitz eines Führerscheines als Ausdruck für Unabhängigkeit und Selbstständigkeit, macht es seiner Meinung nach ebenso leichter, „eine Frau (…) zu finden" (Z. 215f.). Neben diesen zweck- und zielgerichteten Handlungsentwürfen betet der Befragte zudem zu Gott, in der Hoffnung von ihm eine „Chance [zu bekommen]" (Z. 191) eine Frau zu finden sowie insgesamt ein „besseres Leben" führen zu können. Im Kontext der Erwartungshaltung seines Vaters lässt sich bei Nazim somit eine eher strukturreproduzierende Handlungsfähigkeit, die sich an den Vorstellungen des Vaters bzw. durch ihn übertragene Vorstellungen von einem gelungenen Leben, orientiert; anstatt alternative Handlungsmöglichkeiten zu entwerfen und zu realisieren *(vgl. erste Frage bei Emirbayer und Mische [1998]).*

Ein anderer Kontext stellt die Ausübung seiner Hobbies, dem Singen und Tanzen, dar, bei welchem institutionelle Strukturen, im Gegensatz zu den anderen Bereichen seines Lebens, als ermöglichend wirken (vgl. bei Berger 2008: 323: „structural opportunity"). Nazims Musik- sowie Tanzgruppe bildeten sich innerhalb der Institution Romabüro der Stadt B heraus. In diesem institutionell vorgegebenen Rahmen kann Nazim seine bereits in der Vergangenheit herausgebildeten Fähigkeiten und Ressourcen unter anderen Voraussetzungen anwenden und einsetzen, um sich somit *„Handlungsbedingungen auf der Grundlage persönlicher (...) Interessen (...) anzueignen, sie zu reproduzieren sowie potentiell zu verändern"* (Scherr 2012: 108). Betrachtet man die *Identität als Moment sozialer Konstellation* und als relational, tritt im musikalischen Bereich eine Identitätskonstruktion Nazims zutage, welche durch Selbstbestimmung gekennzeichnet ist. Hier lässt sich somit deutlich erkennen, dass Handlungsfähigkeit keine per se vorhandene Eigenschaft eines Akteurs ist, sondern ein Produkt von sozial bedingter Identität und damit verbundenen Handlungsdispositionen und einer Situation mit einer bestimmten Struktur, welche sich in diesem Bereich als günstig und befähigend für Nazims Handlungsdispositionen erweist. Jedoch bleibt dies sehr beschränkt auf

100 Aus der Erzählung heraus wird nicht ganz klar, ob Nazim diese Erwartung von seinem Vater wahrnimmt oder ob es lediglich sein eigener Wunsch ist, ein besseres Leben als sein Vater zu führen. Es kann vermutet werden, dass beide Komponenten an der Aussage Nazims nach einem besseren Leben, beteiligt sind. Die oben vorgenommene Interpretation ist somit eine mögliche Lesart der Autorin.

den Bereich der Musik, die unter den gegebenen Umständen nicht mehr als eine Freizeitbeschäftigung ist und sein kann.

Während Nazims Erzählung finden sich immer wieder Stellen, in denen der Befragte sich explizit bei jemandem oder etwas bedankt. So bedankt er sich bei Gott, durch dessen Hilfe er hofft, die ihm derzeit drei wichtigsten Sachen, nämlich einen sicheren Aufenthaltstitel, eine Arbeit sowie eine Ausbildung, zu erhalten (vgl. Z. 373). Nazim bedankt sich ebenfalls bei dem von ihm erwähnten „Mann“ (Z. 117), mit dessen Hilfe sie nach Deutschland gehen konnten und damit ein vermeintlich besseres Leben haben (vgl. Z.128f.). Dem Land Deutschland dankt er, dass er „kommen durfte“ (vgl. Z. 96) und dadurch die theoretische Möglichkeit erhält, eine Ausbildung zu machen, was im Kosovo für ihn nicht möglich gewesen wäre (vgl. Z. 95). Nazim schreibt an diesen Stellen unter den gegebenen Bedingungen den genannten Personen bzw. Institutionen die Fähigkeit zu, seine Rahmenbedingungen und die ihn umgebenden strukturierenden Kontexte, verändern zu können. Damit liegt die Handlungsfähigkeit nicht bei ihm, sondern lässt sich in Abhängigkeit von anderen Personen oder Institutionen verorten. Im Gegensatz zu Raza kann hier nicht von einer stellvertretenden Agency gesprochen werden, da Nazim die potentiell vergrößerten Handlungsspielräume, sei es durch den oben erwähnten Mann oder der theoretischen Möglichkeit, eine Ausbildung machen zu dürfen, nicht zu seinem Vorteil bzw. zur Erhöhung seiner Handlungsfähigkeit nutzen kann. Die Umsetzung seiner Pläne, die ihm zu mehr Unabhängigkeit sowohl von seinem Vater als auch vom deutschen Staat, mehr Selbstständigkeit und damit zu mehr Handlungsfähigkeit verhelfen sollen, scheint aktuell aus Mangel an Ressourcen und externen übermächtigen Strukturen zu scheitern. Dabei spielen fehlende finanzielle Ressourcen aufgrund deren das Mieten einer Wohnung sowie eine Heirat erheblich erschwert werden, eine große Rolle. Aufgrund mangelnder Sprachkenntnisse stellt es sich für den Befragten als schwierig dar, einen Schulabschluss zu erlangen und damit die Chance auf einen Ausbildungs- oder Arbeitsplatz zu erhöhen. ist.

Betrachtet man das zeitliche Erleben Nazims, wird deutlich, dass neben dem Fokus auf eine „bessere“ Zukunft ebenso ein starker, wehmütiger Blick in die Vergangenheit herrscht. Nach dem aufgezeichneten Interview betont er noch einmal, dass er sich nicht vorstellen konnte, Kosovo zu verlassen und seine Familie das nie freiwillig getan hätte.[101] Er erzählt von einem Haus, das sie dort hatten (vgl.

101 An dieser Stelle muss auf die bei Schütze im Rahmen der Wissensanalyse untersuchten eigenen Theorien des Befragten über sein Leben und zu seiner Identität verwiesen werden (vgl. Schütze 1983: 286f.). Das vorhandene Datenmaterial lässt dabei nur Vermutungen zu. Jedoch erscheint es, als ob der Befragte sein Leben im Kosovo an manchen Stellen sehr positiv darstellt, was sich nicht immer kompatibel mit Aussagen über die Folgen des Krieges an anderen Stellen, sowie der

Interviewprotokoll). Zusätzlich zu seinen guten Tanzleistungen, die ihn auf Turniere auf dem ganzen Balkan brachte, erzählt er von seinem Schulbesuch im Kosovo, bei dem er „ganz viel gelernt“ (Z. 86) hat und im Gegensatz zu seinen schulischen Leistungen in Deutschland besser zurechtzukommen schien. Die Gegenwart und deren Wahrnehmung sind somit geprägt durch erfahrene Verluste in der Vergangenheit und der Hoffnung auf ein besseres Leben in der Zukunft, was sich bei Emirbayer und Mische (1998) als „triadische Vermittlung“ (Übersetzung bei Mick 2012: 529) zwischen Vergangenheit, Gegenwart und Zukunft findet. Diese Feststellung stützt die von den AutorInnen postulierte Fähigkeit von AkteurInnen, *sich gleichzeitig in unterschiedlichen zeitlichen Kontexten* zu bewegen. Ebenso wird in Nazims Darstellung die Gleichzeitigkeit von relationalen Kontexten, in welcher das Individuum eingebettet ist und in welchem unterschiedliche zeitliche Orientierungen in der Handlungsfähigkeit zum Tragen kommen, sichtbar. So dominiert bezüglich den Erwartungen des Vaters eine Ausrichtung an die Vergangenheit, indem mit traditionellen und gewohnheitsmäßigen Handlungen wie der Gründung einer Familie, reagiert wird. Nazim findet sich hier in einer vergangenheitsbedingten „stabilen Identitätskonstruktion“ (Mick 2012: 530) wieder, in welcher er als ältester (mit der Familie lebende) Sohn baldmöglichst eine Familie gründen soll um. Gleichzeitig wird hier der von Emirbayer und Mische (1998) beschriebene „akkordische Dreiklang“ sichtbar, dem zufolge jede Handlung durch die Vergangenheit, die Gegenwart und die Zukunft beeinflusst ist. Nazim richtet seine Handlungen ebenso nach der Zukunft aus, in der er seiner Vorstellung gemäß eine Frau und Kinder hat. Dabei versucht er, die vergangenheitsbedingten Vorstellungen als auch die zukunftsbezogenen Projekte in den gegenwärtigen Kontext zu setzen (im Sinne der *practical-evaluative dimension*). Dies wird sichtbar, indem er von seinem Gedanken erzählt, erst eine Frau zu „finden“ (vgl. Z. 191) wenn er einen Aufenthaltstitel und damit eine gewisse sichere Perspektive in Deutschland hat. Diese Entscheidung lässt sich zurückführen auf die bereits gemachte Erfahrung des Scheiterns einer geplanten Ehe, welche Einfluss auf die Bewertung der aktuellen Situation ausübt (vgl. Mick 2012: 530). Hierbei wird ersichtlich, dass sich Motive und Absichten innerhalb von zeitlich-relationalen Kontexten, welche sich selbst ständig verändern, entwickeln und damit dauernder Reflexion und Neubewertung durch den Akteur ausgesetzt sind (vgl. Emirbayer/Mische 1998: 967).[102]

Tatsache, dass die Familie geflüchtet ist, darstellt. Es bleibt zu vermuten, dass dies eine Verdrängungs- bzw. Verarbeitungsfunktion bezüglich gemachter Erlebnisse als auch eine Orientierungsfunktion hinsichtlich der Bewertung des aktuellen Lebens, einnimmt (vgl. ebd.: 287).

102 Es bleibt allerdings zu bemerken, dass viele der Verhaltensänderungen und Entscheidungen von Nazim weniger durch (Selbst-)Reflexion ge- und verändert wurden, sondern vorrangig die externen Ereignisse eine Verhaltensänderung herbeiführten (siehe weiter unten zur Verknüpfung mit Schützes Verlaufskurvenmodell).

Betrachtet man Nazims Handlungen im Zeitverlauf, wird die interaktive Eigenschaft von Agency sichtbar. Agency als „agency *toward* something“ (ebd.: 973) ist charakterisiert durch eine dauerhafte Auseinandersetzung des Akteurs mit der Umwelt, was bei Nazims Fallbetrachtung in den unterschiedlichen sich verändernden Reaktionen auf ebenso veränderte Kontexte illustriert wird *(vgl. zweite Frage bei Emirbayer und Mische [1998]).* Emirbayer und Mische (1998) erwähnen mögliche Konsequenzen, die aus der Fähigkeit eines Individuums, sich gleichzeitig in mehreren Kontexten zu bewegen, entspringen. Dies führt zu der Tatsache, dass Akteure in manchen Situationen sehr kreativ und strukturverändernd sind, gleichzeitig in anderen Kontexten Strukturen reproduzieren (vgl. ebd.: 1008). Durch seine Vorstellung einer Ehe und einer Familie schafft Nazim einerseits neue Möglichkeitsräume, indem er sich unabhängig von seinem Vater macht und ein selbstständiges Leben führen kann. Gleichzeitig wirken dieser Wunsch und die darauf ausgerichtete Handlung ebenso strukturreproduzierend, indem die traditionellen Erwartungen des Vaters erfüllt werden.

Zusammenfassend lässt sich festhalten, dass Nazims bisheriger und im Interview geschildeter Lebenslauf, um in Schützes Prozessmodell zu sprechen, vorwiegend eine negative Verlaufskurve darstellt (vgl. ebd.: 288).[103] Diese „schränken den Möglichkeitsspielraum im Zuge besonderer Verlaufsformen der Aufschichtung ‚heteronomer‘ Aktivitätsbedingungen ein, die vom Betroffenen nicht kontrolliert werden können“ (ebd.: 288). Schütze (1983) beschreibt unterschiedliche Stationen des Aufbaus des Verlaufskurvenpotential, welche zwar nicht vollständig von den BiographieträgerInnen durchlaufen werden müssen, jedoch charakteristisch für die Verlaufsform sind. Hinsichtlich Nazims erfahrenem bisherigen Erlebnisablauf lassen sich einige Stationen finden, die der Befragte durchlebte bzw. durchlebt: So kann als „Aufbau des Verlaufskurvenpotential“ (ebd.) möglicherweise die sich zuspitzende Situation im Herkunftsland stehen, die schlussendlich zur mehr oder weniger freiwilligen Entscheidung einer Flucht führt, angesehen werden. Die „Grenzüberschreitung von einem intentionalen zu einem konditionellen Aggregatszustand sozialer Aktivitäten“ (ebd.) kann sich in der (Anfangs-)Zeit in Deutschland verorten lassen, die geprägt durch erzwungene Unterbringung in der Gemeinschaftsunterkunft und weiterer massiver Fremdbestimmung gekennzeichnet ist. Dabei scheint sich im Laufe der vier Jahre jedoch ein „labiles Gleichgewicht“ (ebd.) einzustellen, indem sich Nazim in Deutschland „einrichtet“ bzw. mit seinem Leben in Stadt B arrangiert. Dieses Gleichgewicht kommt erheblich ins Wanken, Schütze (1983) nennt dies „Entstabilisierung der Lebenssituation“

103 Die Autorin entschied sich dazu, das Konzept der Verlaufskurve an dieser Stelle in die Interpretation miteinzubeziehen, da es sich sehr gut eignet, Nazims eingeschränkte Handlungsfähigkeit zu verdeutlichen.

(ebd.) bzw. „Trudeln“ (ebd.), als Nazim als einziger in seiner Familie eine Abschiebung in den Kosovo droht. Die versuchte Realisierung der Abschiebung durch die Behörden, welche Nazim nachts im Wohnheim abholen wollen, kann als „Orientierungszusammenbruch“ (ebd.) gesehen werden. Durch sein Untertauchen versucht er, dieser Situation zu entkommen um sich somit nicht völlig von externen Ereignissen überwältigen zu lassen.[104]

Betrachtet man Nazims Fall wird ersichtlich, wie bedingt seine derzeitige Handlungsfähigkeit ist. Es lassen sich zukunftsbezogene Aspekte von Handlungsentscheidungen (die in diesem Fall eher als Handlungsüberlegungen betrachtet werden müssen) erkennen, innerhalb derer Nazim Pläne für die Zukunft entwirft. Diese sind jedoch nicht sehr kreativ im Sinne von alternativen und von Gewohnheiten und Routinen abweichenden Möglichkeiten, sondern bewegen sich in einem sehr begrenzten Rahmen und können zudem nicht realisiert werden. Somit sind nicht fehlende Pläne oder Vorstellungen des Befragten der Grund für die derzeitige Situation, sondern soziale Bedingungen, die im Zusammenspiel mit Nazims Handlungsdispositionen in den zentralen Lebensbereichen aktuell vorrangig einschränkend wirken. Nazims derzeitige Handlungsfähigkeit reduziert sich vorwiegend auf die Fähigkeit „unter den gegebenen Bedingungen die eigene psychosoziale Lebensbewältigung alltäglich bewerkstelligen zu können“ (Scherr 2012: 112) bzw. auf Bemühungen um einen dauerhaften Aufenthalt in Deutschland und somit einer Zukunft, für die es dann gegebenenfalls Pläne zu entwerfen und zu realisieren gibt.

104 Da der Autorin keine weiteren Informationen zum genauen Hergang der „Flucht“ von Nazim vor den deutschen Behörden vorliegen, wird hier nicht weiter auf diesen Umstand eingegangen. Um Aussagen über die Flucht als möglicher Ausdruck von (zwar sehr eingeschränkter) Handlungsfähigkeit im Sinne eines Widersetzens gegen Fremdbestimmung treffen zu können, sind mehr Informationen über beispielsweise externe Unterstützung und Hilfe von anderen Personen (bei denen er untertauchen konnte) oder lokalen Flüchtlingsinitativen nötig.

7 Handlungsfähigkeit von geduldeten Flüchtlingen: Zentrale Dimensionen

Im Folgenden werden drei relevante Dimensionen, die im Zusammenhang mit Handlungsfähigkeit in allen fünf Interviews herausgearbeitet wurden, ausgeführt. Dabei findet anhand der Anordnung der Dimensionen bereits eine Abstufung hinsichtlich der Möglichkeit für kreative Handlungsfähigkeit statt, wobei sich bezüglich der Dimension „Soziale Beziehungen“ im Gegensatz zur „Wohnsituation“ in allen betrachteten Interviews eine erweiterte Möglichkeit für Handlungsfähigkeit feststellen lässt. Da drei der fünf Interviews lediglich in diesem Vergleich in die Arbeit einfließen, wird auf diese explizit mit Beispielen verwiesen. Damit wird die Varianz, die sich innerhalb der fünf Interviews in Bezug auf die Dimensionen herauskristallisiert, erkenntlich gemacht.

7.1 Soziale Beziehungen

Soziale Kontakte und Beziehungen werden von allen Befragten thematisiert und erfüllen unterschiedliche Funktionen bei der Herstellung und hinsichtlich der Ausprägung von Handlungsfähigkeit. Vor allem in der ersten Zeit nach der Ankunft in Deutschland, die von Erfahrungen der Fremdheit geprägt ist, wirken soziale Kontakte als unterstützende Hilfe (vgl. Interview Raza Z. 23; Interview Nazim Z. 7; Interview Shaikh Z. 57f.). Die neue und unbekannte Situation impliziert den Verlust oder die Verringerung einer Erwartungssicherheit bezüglich Handlungen der Mitmenschen, mit denen zudem oftmals aufgrund einer fehlenden gemeinsamen Sprache nicht kommuniziert werden kann sowie gegenüber Konsequenzen eigener Handlungen, welche in einem neuen und unbekannten Kontext ausgeführt werden (vgl. Interview Raza Z. 17f.; vgl. auch „expectation maintenance“ bei Emirbayer/Mische 1998: 980). Das Kennenlernen von Freunden und Bekannten kann helfen, einen Teil dieser Erwartungssicherheit wieder zu erlangen, vor allem aber dem Gefühl der Fremdheit und der Einsamkeit entgegenzuwirken. Die Befragten sind sich ihrer anfänglichen Angewiesenheit auf Hilfe und der damit verbundenen Stärkung bzw. Wiederherstellung von Handlungsfähigkeit durch unterstützende Dritte bewusst und erwähnen diese explizit (vgl. Interview Raza Z. 24;

Interview Shaikh Z. 57). Dies kann in Form von beruhigenden Ratschlägen in Situationen der Verzweiflung, aber auch in Form praktischer Unterstützung bei der Bewältigung des Alltages oder dem Sprachenerwerb sein. Dabei lässt sich eine unterschiedliche Herangehensweise erkennen: Shaikh nutzt Kontakte aktiv, um mit den Personen Deutsch zu sprechen und damit seine Sprachkenntnisse zu verbessern (vgl. Interview Shaikh Z. 67). Raza genießt vor allem die Gemeinschaft mit anderen Personen aus seinem Heimatland (vgl. Interview Raza Z. 202ff.) und Nazim findet in einem Freund aus der Schule einen „Brudererersatz“ (vgl. Interview Nazim Z. 345).

Eine wichtige Rolle spielen soziale Beziehungen ebenso bei der Möglichkeit, ein Hobby auszuüben. So betreiben Raza und Arash Sport mit Freunden, Nazim und Fadil spielen mit anderen Romas in einer Band. Vor allem in der erzählerischen Darstellung der Personen, in der sich verstärkt Subjektbezüge und positiv assoziierte Wörter finden, lässt sich erkennen, dass der Bereich der Freizeitgestaltung und der Ausübung eines Hobbies ein Ort ist, an welchem sich die Personen als aktiv Handelnde skizzieren lassen. Dabei agieren sie in anderen Lebensbereichen als sehr eingeschränkt und passiv, was die These von Emirbayer und Mische (1998), sich gleichzeitig in unterschiedlichen Kontexten zu befinden, bestätigt. Bei genauerer Betrachtung der Hobbies und Freizeitbeschäftigungen kristallisiert sich ein habitueller, an die Vergangenheit orientierter Aspekt, heraus. Die Personen üben oft den Sport, den sie bereits in ihrem Herkunftsland betrieben haben, aus oder sind auch nach der Flucht weiterhin im künstlerischen Bereich tätig (vgl. Interview Raza Z. 234; Interview Nazim Z. 272; Interview Fadil Z. 96ff.). Gleichzeitig lässt sich jedoch ebenso eine Orientierung an die Zukunft erkennen, indem Befragte in ihrem Hobby Ambitionen für zukünftige Projekte formulieren (vgl. Nazims Wunsch, beim Tanzen immer besser zu werden bzw. seine SchülerInnen besser zu trainieren). Um den „Dreiklang“ zu vervollständigen, bleibt die Identifizierung des gegenwartsbezogenen Aspekts, welcher sich dadurch ausdrückt, dass mithilfe der Freizeitbeschäftigung, Normalität in der oft vorherrschenden Abnormalität geschaffen wird (indem „ganz normale“ Aktivitäten wie ein Treffen mit Freunden in der Stadt, unternommen werden), Ablenkung und Abwechslung vom Alltag erreicht wird und dadurch schwierige Zeiten erträglicher gestaltet werden (vgl. Interview Raza Z. 202ff., Interview Nazim Z.333ff.; Interview Arash Z. 109). Nehmen sich die Personen in einem Bereich, sei es in der Freizeit oder bei der Bewältigung des Alltages, handlungsfähiger und kompetenter als andere Personen bzw. Freunde wahr, wird die Situation genutzt, um durch die Unterstützung, Anleitung und Hilfe der anderen Personen sein eigenes Selbstvertrauen zu stärken und seine eigene Handlungsfähigkeit zu reflektieren und damit gegebenenfalls, zumindest in diesem Bereich, zu vergrößern (vgl. Interview Raza Z. 448; Interview Nazim Z.300; Interview Fadil Z. 142ff.).

In vielen Fällen sind die in Deutschland erworbenen neuen Freundschaften und Bekanntschaften mit Personen aus dem gleichen Herkunftsland. Dies ist einerseits darauf zurückzuführen, dass der Kontakt zu Deutschen vor allem während dem Wohnen in einer Gemeinschaftsunterkunft oft kaum möglich ist und damit selten besteht (vgl. Interview Raza Z. 221; Interview Arash Z. 118). Andererseits kann mit Personen, dic aus dem gleichen Land kommen, schneller ein Gefühl von Zugehörigkeit und Gemeinschaft hergestellt werden, da vor allem die gemeinsame Sprache, aber auch ähnliche Geschichten und Hintergründe, das gegenseitige Verständnis erhöhen können (vgl. Interview Raza Z. 230ff.; Interview Shaikh Z. 70; Interview Nazim Z. 56, 343).

Es zeigt sich, dass im Freizeitkontext, der Hobbyausübung und der sozialen Kontakte, die Personen, handlungsfähiger als in anderen Bereichen erscheinen. Es lassen sich jedoch auch hier unterschiedliche Ausprägungen in Form von aktiven Prozessen der Nutzung von Kontakten zur (Wieder-)Herstellung von Handlungsfähigkeit (vgl. Interview Shaikh Z. 73) genauso wie passives Abwarten auf neuankommende potentielle Freunde (vgl. Interview Raza Z. 227) erkennen. Dabei ist zu bemerken, dass dieser Bereich nur indirekt, wie in Form von mangelnden finanziellen Mittel, der Art der Unterbringung und der stets zu berücksichtigenden dauerhaften Unsicherheit, von einschränkenden Regelungen und aufenthaltsrechtlichen Bestimmungen betroffen sind. Damit stellt dieser Kontext eine günstige Umgebung dar, in der Entscheidungen getroffen, eigene Interessen verfolgt und damit Einfluss auf die Situation genommen werden kann.

7.2 Arbeit und Ausbildung

Arbeit stellt sich als zentrale soziale Struktur, in die Flüchtlinge involviert sind, dar. Bei der Gegenüberstellung der fünf Interviews wird ersichtlich, dass die Bedeutung von Arbeit oder Ausbildung unterschiedliche Formen annimmt und dabei Individuen ein unterschiedliches Maß an Handlungsfähigkeit auf verschiedene Art und Weise erlangen können. Dabei lässt sich erkennen, dass je nach Situierung der Personen, welche wiederum stark von den Strukturen der Aufenthaltssituation geprägt ist, eine andere Ausprägung von Handlungsfähigkeit und verschiedenartige Motive und Absichten in Bezug auf Arbeit ausgebildet werden. Es lässt sich deutlich das Zusammenspiel von individueller Selbstbestimmung und sozialer Bestimmtheit bzw. der Einfluss der Strukturen auf die Akteure und vice versa beobachten.

Wie nicht anders zu erwarten, stellt das durch die aufenthaltsrechtliche Situation bedingte Arbeitsverbot eine nicht zu überwindende Grenze für die Personen, die dieser unterliegen, dar. Ein Eintritt in die Arbeitswelt ist damit, ungeachtet jeglicher Anstrengungen, nicht möglich. Die Tatsache, nicht selbstständig für seinen Lebensunterhalt aufkommen zu können und von finanziellen Zuwendungen abhängig zu sein, verstärkt die am Anfang oftmals vorherrschende Hilflosigkeit und Ohnmacht (vgl. Interview Raza Z. 289).

Die Aufhebung des Arbeitsverbotes ist jedoch nicht mit einem Wegfall aller hinderlichen Strukturen verbunden. So stellt es sich in einigen Fällen als schwierig dar, mit einer Duldung eine Arbeit oder eine Ausbildung zu finden. Dabei stoßen die individuellen Bemühungen bei der Suche nach einer Arbeit oder einer Ausbildungsstelle auf die Skepsis der ArbeitgeberInnen, welche die unsichere und immer auf drei bzw. sechs Monate begrenzte Aufenthaltsperspektive augenscheinlich als zu riskant für eine Einstellung erachten (vgl. Interview Nazim Z. 155). Rechtliche Bestimmungen wirken damit stark auf individuelle Anstrengungen, welche unter bestimmten Umständen aufgrund dessen erfolglos bleiben.

Somit bleibt manchen Personen der Zugang zur Arbeit verwehrt, mithilfe derer jedoch der Möglichkeitsraum und damit die Handlungsfähigkeit erhöht werden kann. Arbeit dient dabei nicht nur der Steigerung der finanziellen Mittel, sondern ist zugleich ein Weg, sich in die Gesellschaft zu integrieren und damit eine Art sozialer Akzeptanz zu erreichen (vgl. Interview Raza Z. 331ff.). Zudem ist es ein Mittel, um Unabhängigkeit gegenüber dem Staat und dessen finanziellen Leistungen sowie gegenüber Familienmitgliedern, zu erlangen (vgl. Interview Raza Z. 316). Ist eine gewisse Sicherung durch eine feste Arbeitsstelle erreicht, können Pläne für die Zukunft in Form von selbstständiger Erwerbstätigkeit oder Familiengründung imaginiert werden (vgl. Interview Fadil, Nazim, Raza, Shaikh).

Es zeigt sich auf der einen Seite ein sehr selbstbewusster Umgang bei der Suche nach einer Arbeit bzw. einer Ausbildungsstelle. Diese dient dabei der Erfüllung von persönlichen Interessen und geht dabei über die bloße Bedeutung des Geldverdienens hinaus. So hat Fadil seine Ausbildung zum Metzger/Fleischer nach kurzer Zeit abgebrochen, nachdem er feststellte, dass dies nicht der richtige Beruf für ihn ist (vgl. Interview Fadil Z. 37). Nun versucht er, eine Ausbildung als Tontechniker zu beginnen, was seinen Interessen mehr entspricht (vgl. Interview Fadil Z. 47). Diese Handlungsentscheidung beinhaltet eine starke projektive Komponente von Handlungsfähigkeit, da die zukünftige Vorstellung der Situierung im Berufsleben die aktuellen Handlungen, wie etwa der Abbruch einer Ausbildung, begründet. Mit dieser Entscheidung gibt Fadil die Sicherheit, die ein Ausbildungsplatz mit sich bringt, zugunsten einer Tätigkeit, von der er sich in Zukunft mehr Freude verspricht, auf. Eine solche Entscheidung lässt sich bei Fadil unter anderem auf die Gewissheit zurückzuführen, im Besitz einer abgeschlossenen Schulausbildung zu sein und damit erhöhte Chancen auf dem Arbeitsmarkt zu haben (vgl. Interview Fadil Z. 33).

Auf der anderen Seite lässt sich, notgedrungen, ein sehr pragmatischer und zweckgebundener Umgang bei der Suche nach einer Arbeit oder Ausbildung beobachten. Eine Ausbildungsstelle oder ein festes Arbeitsverhältnis sind dabei Bedingung für einen weiteren Aufenthalt in Deutschland und stellen damit einen unumgänglichen Weg zu einer erhöhten Handlungsfähigkeit, die dann gegebenenfalls über die bloße Bewältigung des Alltages hinausgehen kann, dar. Arash ist sich der eingeschränkten Optionen, die der Arbeitsmarkt für geduldete Flüchtlinge ohne Schulabschluss und Ausbildung bietet, bewusst (vgl. Interview Arash Z. 84). Arbeit dient bei ihm damit der Gewährung eines finanziellen Minimums. Innerhalb dieser Konstellation ist Arash nicht fähig, sich eine Ausbildung, die seinen Interessen entspricht, auszudenken bzw. dies im Interview zu artikulieren (vgl. Interview Arash Z. 84). Eine ähnliche Situation findet sich wie bereits dargestellt bei Nazim, welcher gerne eine Ausbildung zum Maler machen würde, aufgrund der Dringlichkeit eines Arbeitsverhältnisses oder einer Ausbildungsstelle jedoch derzeit auch andere Gelegenheiten wahrnehmen würde (vgl. Interview Nazim Z. 378). Bei Shaikh zeigt sich sehr stark die soziale Komponente der Arbeit: Dies ist der Ort an dem er mit deutschen Personen in Kontakt kommt, mit denen er Deutsch sprechen kann und die er als Netzwerk z.B. bei der Suche nach einer Wohnung, wahrnimmt (vgl. Interview Shaikh Z. 76, 132).

Somit lässt sich zusammenfassend feststellen, dass für manche Personen der Erhalt einer Arbeit mit einer erhöhten und vor allem kreativeren Handlungsfähigkeit, welche alternative Möglichkeiten in der Zukunft erschaffen und somit Strukturen verändern kann, verknüpft ist. Für andere Personen reicht die Funktion einer Arbeit nicht über die Befriedigung der existentiellen Bedürfnisse hinaus und wirkt damit oft strukturreproduzierend. Selbst wenn eine Arbeit gefunden wird, kann diese die Handlungsfähigkeit nur sehr gering erhöhen, da sie sich beispielsweise im Niedriglohnsektor befindet und damit weder die finanziellen Mittel erheblich gesteigert werden können noch ein Beruf nach den eigenen Interessen und Fähigkeiten ausgeübt werden kann.

7.3 Wohnsituation

Das Wohnen und Leben in einer Gemeinschaftsunterkunft stellt einen Kontext dar, in welchem die Befragten die einschränkenden Strukturen, die sich aus ihrer aufenthaltsrechtlichen Situation ergeben, deutlich wahrnehmen und deren Veränderung und Beeinflussung durch die Personen kaum möglich zu sein scheint. In einer Umgebung, die geprägt von dauernden Konflikten ist, die sich aus dem Zusammenleben mit unterschiedlichen Personen auf engstem Raum ergeben, und massiver Einschränkungen der Privatsphäre und der Erfüllung der Grundbedürfnisse nach Ruhe, Schlaf und Gesundheit, lässt sich kaum Handlungsfähigkeit, die über die Bewältigung des Alltages hinausgeht, ausmachen. Vielmehr lässt sich ein Bild von Personen zeichnen, welche sich dieser Situation ausgeliefert fühlen und deren Handlungsfähigkeit sowohl durch tatsächliche Beschränkungen in der Unterkunft als auch damit verbundenen psychischen Belastungen außerordentlich begrenzt ist. Dabei haben die Einschränkungen Auswirkungen auf weitere Bereiche des Lebens, wie z.B. die Schwierigkeit, sich in seinem Zuhause aufgrund des Lärmes dem Spracherwerb zu widmen und einem damit verbundenen Schulabbruch (vgl. Interview Arash Z. 33), Freundschaften mit Personen die nicht in der Gemeinschaftsunterkunft wohnen zu schließen (vgl. Interview Arash Z. 118; Interviewprotokoll Nazim) sowie ausgeschlafen und damit leistungsfähig an seinem Arbeitsplatz zu erscheinen (vgl. Interview Raza Z. 116f.). Somit lässt sich eine Beschränkung erkennen, die es schwierig macht, Maßnahmen zu ergreifen und Ressourcen zu nutzen, um zukünftige Handlungsfähigkeit wiederherzustellen bzw. zu erlangen.

Es lassen sich unterschiedliche Abstufungen des Erlebens von Ohnmacht und Passivität erkennen. Ein entscheidender Grund scheint hierbei die Zusammensetzung der direkten Nachbarschaft bzw. MitbewohnerInnen in den Zimmern zu sein. Die restriktiven Bedingungen lassen sich besser und mit einer positiveren Grundeinstellung ertragen, wenn man sich mit den einen unmittelbar umgebenden Personen versteht und damit die Anzahl und das Ausmaß der ständigen Konflikte minimieren kann (vgl. Interview Raza Z. 198ff.; Interview Shaikh Z. 113; Interview Arash Z. 152ff.; Interview Fadil Z. 5f.; Interviewprotokoll Nazim).

Als einzige Möglichkeit, sich diesen „krankmachenden" Strukturen (vgl. Interview Raza Z. 146) zu entziehen, stellen sich, sobald rechtlich möglich, der Auszug aus der Unterkunft und der Umzug in eine eigene Wohnung dar. Der Versuch, sich aus diesen übermächtigen und auf alle Lebensbereiche tangierenden Strukturen zu „befreien", ist ein Versuch der Herstellung einer Situation, in der Handlungsfähigkeit überhaupt erst wieder möglich zu sein scheint. Dieser Versuch scheitert dabei jedoch häufig ebenso an den vorzufindenden strukturellen Gegebenheiten bzw. aufgrund einzelner Charakteristika ihrer aufenthaltsrechtlichen Situation, welche die Befragten auf dem freien Wohnungsmarkt antreffen (vgl. Interview Arash Z. 49f.; Interview Shaikh Z. 131). Dort minimiert die Unvorhersehbarkeit ihres Aufenthaltes die Möglichkeit, eine Wohnung mieten zu können, wodurch sich ein Gefühl der Benachteiligung gegenüber Personen mit deutscher Staatsangehörigkeit bzw. sicherem Aufenthaltsstatus einstellt.

Es findet sich jedoch auch ein pragmatisches Verhältnis zum Wohnen in einer Gemeinschaftsunterkunft, durch welches Geld gespart werden kann (vgl. Interview Raza Z. 148ff.) oder man mit neuangekommenen Familienmitgliedern zusammen sein kann: So ist Shaikh nach der Ankunft seines Bruders aus seiner Privatwohnung wieder zurück in Wohnheim A gezogen. Jedoch wird auch in diesen Fällen das Wohnen in einer Gemeinschaftsunterkunft nur als vorübergehende Option und der Umzug in eine eigene Wohnung als langfristige Perspektive gesehen (vgl. Interview Shaikh Z. 131).

Es lässt sich resümieren, dass das Leben in einer Gemeinschaftsunterkunft eine Umgebung darstellt, in der es schwierig ist, die Strukturen zu verändern bzw. zu überwinden. Die Befragten arrangieren sich in unterschiedlicher Weise mit der Situation. Das Ziel aller ist jedoch der Auszug aus der Gemeinschaftsunterkunft und damit der Möglichkeit auf (Lebens-)Bedingungen, in welcher sie nicht zusätzlich mir Problemen anderer konfrontiert sind (vgl. Interview Arash Z. 154) und sich ein Leben in Deutschland mit einer längerfristigen Perspektive aufbauen können (vgl. Interview Arash Z. 33, Interview Nazim Z. 364ff.).

8 Diskussion der Ergebnisse

Ziel der vorliegenden Arbeit war es, den Forschungsgegenstand „geduldete Flüchtlinge" unter einem anderen Blickwinkel zu betrachten, um damit Aussagen über die spezifisch ausgeprägte Handlungsfähigkeit dieser zu treffen und dabei einen Beitrag zur Klärung der Frage nach dem Verhältnis von Individuum und Struktur zu leisten.

Gezeigt werden konnte das Bild von jungen Männern, welche in manchen Bereichen zwar von den übermächtigen Strukturen ihrer aufenthaltsrechtlichen Situation beherrscht sind, dabei jedoch nicht als passive Objekte angesehen werden dürfen. Es zeigten sich vielmehr unterschiedliche Strategien und Praktiken der Befragten, sich partiell und zeitenweise der „Entfremdungsmacht der sozialen Strukturen" (Seukwa 2010: 6) zu entziehen. Dabei konnten unterschiedliche Formen von Handlungsfähigkeit identifiziert werden. So beschränkt sich bei Nazim etwa die faktische Handlungsfähigkeit auf die Bewältigung des Alltages, der sich beim Besitz einer Duldung vor allem um existentielle Fragen wie eine eigenständige Sicherung des Lebensunterhalts, dreht. Nichtsdestotrotz lassen sich auch bei diesem entworfene Zukunftspläne feststellen, deren Realisierung mit erweiterten Handlungsoptionen verbunden ist. Diese können jedoch aufgrund der tatsächlichen Strukturen und Kontexte (noch) nicht oder nur teilweise umgesetzt werden. Gleichzeitig zeigen sich bei Raza Formen von Handlungsfähigkeit, welche nicht die direkte Fähigkeit zur kreativen Handlung meint, sondern durch Unterstützungsprozesse oder Inanspruchnahme von Hilfeleistungen auf eine in der Zukunft gesteigerte Handlungsfähigkeit abzielt. Es lässt sich erkennen, dass Handlungsfähigkeit eben nicht mit Handlung gleichgesetzt werden kann und darf, sondern die Fähigkeit meint, innerhalb gegebener Strukturen Wege und Möglichkeiten zu finden, diese zu verändern und damit seine Beziehung zu dieser zu verändern. Inwiefern dies in die Tat umgesetzt werden kann und damit eine faktisch gesteigerte Handlungsfähigkeit erlangt wird, hängt einerseits von dem Ausmaß der strukturellen Beschränkungen und andererseits von den zeitlich-relationalen individuellen Handlungsdispositionen ab.

Im Rahmen der Untersuchung konnten soziale Strukturen und Prozesse untersucht werden, innerhalb derer Individuen kontextabhängige Identitäten und Handlungsfähigkeit hervorbringen (vgl. Scherr 2013: 236). Dabei wurde in einem Vergleich der fünf Interviews vor allem die Dimension der Arbeit, der sozialen Beziehungen sowie der Wohnsituation herausgearbeitet, innerhalb derer sich unterschiedliche Motive und Absichten sowie ein unterschiedliches Ausmaß an Handlungsfähigkeit der Befragten erkennen lässt. Dabei konnte die Verschränkung von Individuum und Strukturen aufgezeigt werden: Erstere können weder als vollständig determiniert von letzteren noch als vollständig losgelöst von diesen betrachtet werden. Mithilfe einer zeitlichen Betrachtung und Konzipierung von Handlungsfähigkeit ließ sich auch im Rahmen der Untersuchung ein Dualismus auflösen, indem gezeigt werden konnte, dass Individuen sich in unterschiedlichen zeitlich-relationalen Kontexten befinden und dabei in unterschiedlicher Art und Weise von den Strukturen beeinflusst werden, diese jedoch aufgrund von ebenfalls veränderbaren Handlungsdispositionen ebenso verändern können. Vor allem bei der Betrachtung der Erzählung von Raza lässt sich die Feststellung, dass Strukturen auch ermöglichend sein können, bekräftigen. Handlungsfähigkeit kann somit wie bei Scherr (2013) zu finden als ein „Gemengenlage von sozial bedingten Handlungsdispositionen und kreativer Handlungsfähigkeit" (ebd.: 236) entwerfen werden. Weiter konnte mithilfe der Analyse gezeigt werden, dass Handlungsentscheidungen sowohl von der Vergangenheit, der Gegenwart und der Zukunft geprägt sind und sich damit die Reflexivität und Kreativität derer verändert. Zudem konnten wichtige Ressourcen zur Herstellung von Handlungsfähigkeit innerhalb der Erzählungen erarbeitet werden. Dabei sind vor allem ausreichende Sprachkenntnisse zu nennen. Aufgrund der Duldung gestaltet sich der Zugang zu dieser Ressource für die Befragten oft schwierig, was eine erhebliche Einschränkung des Handlungsspielraumes mit sich bringt. Können Sprachkenntnisse erworben werden, vergrößert sich die Handlungsfähigkeit der Befragten. Weitere identifizierte Ressourcen sind unterschiedliche Möglichkeiten zur Herstellung von Selbstständigkeit und Unabhängigkeit, wobei Arbeit eine zentrale Rolle spielt. Vor allem in der Zeit nach der Ankunft stellen soziale Kontakte eine wichtige Ressource für die Befragten dar, sich in Deutschland zurechtzufinden und handlungsfähig zu werden.

Die hier getroffenen Aussagen im Rahmen der empirischen Ergebnisse müssen mit einigen methodischen Anmerkungen und Einschränkungen versehen werden. Aufgrund der geringen Fallanzahl, welche sich wie unter 5.3.3 aufgeführt, unter anderem aus dem erschwerten Zugang zum Feld ergibt, sind die Ergebnisse als erste Erkenntnisse in einem weiter zu erforschenden Bereich anzusehen. Um zu einer theoretischen Sättigung zu gelangen und infolge dessen eine sinnvolle Kategorisierung von Ergebnissen in Form von theoretischen Modellen oder einer Typologie vorzunehmen, ist eine Vielzahl an weiteren Fällen zu erheben und zu analysieren.

Das Sampling der Arbeit birgt die Gefahr eines Bias, der hier knapp thematisiert werden soll. So werden durch die Tatsache, dass nur Personen mit ausreichenden Deutschkenntnissen befragt wurden, wichtige Personen vom Sampling ausgeschlossen. Wie bei den einzelnen Interviews deutlich wird, spielt Sprache eine zentrale Rolle zur Herstellung von Handlungsfähigkeit bzw. beim Erleben von Ohnmacht. Somit fehlen in dieser Arbeit Einsichten in das Leben von geduldeten Flüchtlingen ohne diese sprachlichen Kenntnisse und daraus folgenden Problemlagen.

Der Kontakt zu den Befragten wurde wie oben nachgezeichnet über deutsche Bekannte der Autorin, welche die Interviewten entweder aus der Freizeit oder aufgrund von Arbeitsverhältnissen bzw. sozialen Angeboten, kennen, hergestellt.[105] Dies impliziert, dass die Befragten diesen Personen bekannt sind, was die Gefahr birgt, damit nur Personen zu erreichen, die bereits zu einem gewissen Grad in die deutsche Gesellschaft integriert sind und Kontakt mit und zu deutschen Personen haben.[106] Diese Tatsache würde bedeuten, dass Personen, die eher zurückgezogen und ohne viel Kontakt zur restlichen Gesellschaft leben, keinen Eingang ins Sampling finden und damit ein verzerrtes Bild von Handlungsfähigkeit von geduldeten Flüchtlingen wiedergegeben wird.[107]

Die Interviewsituation betreffend bleibt anzumerken, dass ein offensichtlich eher gering ausgeprägtes Vertrauensverhältnis zwischen der Autorin und den Befragten, was sich zumeist auf die kurze Dauer der Bekanntschaft zurückführen lässt, Einfluss auf den erhaltenen, teils eher geringen und oberflächlichen, Informationsgehalt hatte. Andererseits kann es auch als Vorteil gesehen werden, wenn Interviewerin und Befragte keine zu große Verbindung miteinander haben, da dies eventuelle Selbstdarstellungstendenzen seitens der Befragten verstärken kann (vgl. Bender et al. 2013: 269). Die begrenzten Informationen im Rahmen der Interviews haben zur Folge, dass an manchen Stellen interpretative Vermutungen nicht durch weiterführende Informationen der Befragten gestützt werden konnten und deshalb aufgrund der Gefahr von „Überinterpretation“ davon abgesehen

105 Der Kontakt zu Shaikh wurde wie beschrieben durch den bereits befragten Raza hergestellt. Das sogenannte „Schneeballverfahren“ (Przyborski/Wohlrab-Sahr 2010: 180) zeichnet sich durch die Verweisung von InterviewpartnerInnen auf potentielle weitere InterviewpartnerInnen aus. Innerhalb des Verfahrens ist kritisch zu bemerken, dass man sich dadurch im „Kontext bestimmter Netzwerke“ (ebd.) bewegt und dass die InterviewpartnerInnen sich möglicherweise über die Interviews austauschen und damit Erzählbereitschaft und -richtung beeinflussen (vgl. ebd.). Das Schneeballverfahren sollte somit nicht als einziges Verfahren verwendet werden; stellte sich aber in diesem Fall aufgrund des Zuganges zum Feld als sehr hilfreich dar.

106 Nazim und Fadil beispielsweise sind den im Wohnheim B arbeitenden Sozialpädagoginnen durch ihr musikalisches Engagement im Rahmen des Romabüros von Stadt B bekannt.

107 Da diese Arbeit keine theoretische Repräsentativität beansprucht, stellen sich die erwähnten Punkte zunächst nicht als problematisch dar.

wurde, diese Vermutungen weiter zu verfolgen. Generell ist dies jedoch keine Kritik an der Verwendung des narrativen Interviews, welches sich als Erhebungsform bezüglich des Forschungsinteresses sehr gut eignet. Wie in der Arbeit ersichtlich wurde, kann damit der Zeitlichkeit des Agency-Konzeptes Rechnung getragen werden und Raum für die „Subjektivierung von Handlungsfähigkeit" (Bender et al. 2013: 264) geschaffen werden.

Fuchs-Heinritz (2009) spricht zusätzlich drei Gründe auf Seiten der Befragten an, weshalb narrative Interviews nicht in ihrer idealtypischen Form zustande kommen können.[108] Er spricht von Personen, welche eine Auffassung von sich selbst als eine starke und selbstbestimmte Persönlichkeit haben. Eine tiefergehende Erzählung ihrer Lebensgeschichte oder Teile davon könnten zum Zusammenbrechen dieses eventuell konstruierten Selbstbildes führen und verdrängte Problemlagen sichtbar werden lassen (vgl. ebd.: 311). Zweitens erwähnt er Personen, welche aufgrund von externen Einflüssen oder langjährigen Aufenthalten in totalen Institutionen eingeschränkt in ihrer selbstständigen Lebenspraxis sind und damit eine beschränkte Erzählbarkeit der persönlichen Lebensgeschichte vorzufinden ist. Schließlich sind Prozesse und Ereignisse auf Seiten der Befragten zu beachten, durch welche deren Lebensgestaltung gewaltsam unterbrochen und gefährdet worden ist. Dadurch ist eine (Re-)Konstruktion der erlebten Geschichte oft zu schmerzhaft oder aufgrund der traumatischen Erlebnisse kaum möglich (vgl. ebd.). Diese Einwände sind hinsichtlich der Befragten von hoher Relevanz. So wurde beispielsweise bei Shaikh das Motiv „Das Beste aus der Situation machen und sich dabei auf die eigenen Kompetenzen konzentrieren" als Umgang mit der vorzufindenden oft problematischen Situation, identifiziert. Um beurteilen zu können, inwieweit dabei Ängste und Nöte verdrängt werden, ist das vorhandene Datenmaterial nicht ausreichend, jedoch kann es wie bei Fuchs-Heinritz (2009) erläutert zur Ausgestaltung der Erzählung beitragen. Vor diesen genannten Hintergründen ist es verständlich, dass die Befragten der Autorin, zu welcher sie kein enges Vertrauensverhältnis haben, nicht alle Zweifel anvertrauen bzw. aufgrund der geforderten Erzählung (verdrängte) Problemlagen ansprechen.[109] Gleichzeitig

108 Im Zuge einer methodischen Reflexion hinsichtlich der Interviewführung muss dabei erwähnt werden, dass die Autorin nicht sehr vertraut in der praktischen Umsetzung von narrativen Interviews ist und aufgrund dessen, entgegen der Theorie zum narrativen Interview, an manchen Stellen ungewollt Suggestivfragen gestellt wurden oder Nachfragen, die nicht an Erzähltes anknüpften, sondern neue Themen einführten. Dies wurde jedoch bei der Auswertung der Interviews mitberücksichtigt (vgl. 5.4).

109 Ein anschauliches Beispiel hierfür liefert das durchgeführte Interview mit Arash. Die Autorin wusste bereits im Vorfeld, dass der Befragte als traumatisiert gilt, sich nach einem versuchten Suizid in psychologischer Behandlung befindet und sehr introvertiert ist. Beim Interview selbst war die Person, durch die der Kontakt hergestellt wurde und die Arash im Rahmen eines Patenschaftsprojektes bereits seit 1,5 Jahren begleitet, anwesend, da Arash dies wünschte. Obwohl der Befragte schon vor dem Termin mehrmals die Gesprächsbereitschaft zusicherte und auch mit dem

sind geduldete Flüchtlinge einer hohen Fremdbestimmung ausgesetzt, wodurch sich zu einem Teil die vielen beschreibenden Passagen erklären lassen, welche nicht den Befragten, sondern oft äußere Umstände, zum Erzählgegenstand haben. Die Untersuchung kann und muss in dem begrenzten Rahmen vorrangig als deskriptiv betrachtet werden. Aufgrund des Forschungsbedarfs im Bereich Handlungsfähigkeit von geduldeten Flüchtlingen stellt dies jedoch eine sinnvolle erste Arbeit dar. Es wurde versucht, mit dem Agency-Konzept unterschiedliche Ausprägungen von Handlungsfähigkeit in, auf den ersten Blick, sehr einschränkenden Strukturen, zu identifizieren. Dies fand in enger Verknüpfung mit dem Agency-Konzept statt. Ein weiterer Schritt in der Forschung, welche sich auf die Fähigkeiten anstatt der Defizite der Personen konzentriert, ist eine vertiefte Klärung der Gründe für die unterschiedlichen Ausprägungen und dem Auftreten von Handlungsfähigkeit. Dabei muss das Wechsel- und Zusammenspiel von individueller Selbstbestimmung und sozialen Strukturen weiter betrachtet werden, um nicht, in der Tradition von deterministischen Sozialtheorien bzw. individualistischen Subjekttheorien, vorschnell einschränkende Strukturen bzw. das Verschulden der „autonome[n] Subjekte“ (Scherr 2013: 241) für begrenzte Handlungsfähigkeit verantwortlich zu machen.

Es müssen die ansatzweise erarbeiteten Dimensionen genauer auf ihre Funktion untersucht werden und Differenzen zwischen den Befragten analysiert werden. Dies kann unter anderem mithilfe der Auswahl der InterviewpartnerInnen geschehen. So ist es beispielsweise interessant und notwendig, auch Personen mit einer Duldung heranzuziehen, welche im Gegensatz zu den hier Befragten in ihrem Herkunftsland bereits eine Ausbildung absolvierten bzw. in einem Beruf arbeiteten. Damit verbunden ist ein auf den ersten Blick noch stärkerer sozialer Abstieg in Deutschland, der sich nicht nur auf den Flüchtlingsstatus mit eingeschränkten Rechten, sondern auch auf die gewohnte Ausübung eines Berufes und der Teilhabe am Arbeitsmarkt bezieht. Weiter müssen in das Sampling Personen aufgenommen werden, welche beispielsweise als Familienvater neben der Verantwortung für das eigene Leben und dessen Gelingen konkret Verantwortung für andere Personen, respektive Familienmitglieder, tragen. Auch bezüglich der Wohnsituation gilt es, eine heterogenere Zusammensetzung des Samples herzustellen, um unterschiedliche Ausprägungen von Handlungsfähigkeit in diesem Zu-

---

Interviewverfahren vertraut gemacht wurde, konnte keine wirkliche Erzählung seinerseits generiert werden. In einem nachfolgenden Gespräch mit dem Paten wurde nochmal klar, dass der Befragte selbst dieser Person erst nach ungefähr 1,5 Jahren einige wenige persönliche Dinge anvertraute und dieser die Gesprächsbereitschaft innerhalb des Interviews als bereits sehr hoch für den Befragten einschätzte.

sammenhang zu erarbeiten. Natürlich sind auch Frauen in das Sample aufzunehmen, um potentielle Unterschiede in der Handlungsfähigkeit zwischen den Geschlechtern zu erkennen.

Die vorliegende Arbeit ist auf der Mikroebene anzusiedeln, da sie sich intensiv mit der Lebensgeschichte bzw. einem Ausschnitt derer, von geduldeten Flüchtlingen, beschäftigt. Zur Herausarbeitung von Handlungsfähigkeit werden individuelle Handlungsdispositionen und soziale Situierungen betrachtet. In Verbindung mit einer Makroebene erscheint es als erkenntnisreich, den möglichen Einfluss der Herkunftsländer und darin zu findende Unterschiede, zu untersuchen. Dabei kann beispielsweise untersucht werden, welchen Einfluss das Leben in einer Diktatur, welche von Fremdbestimmung und fehlenden Rechten gekennzeichnet ist, auf die (längerfristige) Handlungsfähigkeit der Individuen hat. Ebenso können dabei Personen aus Herkunftsländern, in denen Bürgerkrieg herrscht, befragt werden oder Personen, welche aufgrund ihrer Zugehörigkeit zu einer ethnischen Minderheit jahrelanger massiver Diskriminierungen ausgesetzt waren. In diesem Zusammenhang ist es hilfreich und sinnvoll, die Befragung innerhalb des narrativen Interviews nicht nur auf die Zeit in Deutschland zu beschränken, sondern auszuweiten auf die gesamte Lebensgeschichte. Damit kann verstärkt auf die Handlungsfähigkeit bzw. vor allem die wahrgenommene Handlungsfähigkeit im Zeitverlauf, Bezug genommen werden.

9 Fazit

Die Beantwortung der Forschungsfrage, wie und in welcher Form geduldete Flüchtlinge in Deutschland unter den gegebenen Strukturen handlungsfähig sind, wurde in dieser Arbeit anhand von fünf Flüchtlingen aus drei verschiedenen Herkunftsländern exemplarisch unternommen. Die bereits diskutierten Ergebnisse zeigen die Bedeutung und die Notwendigkeit auf, den oft einseitigen Blick von den ungünstigen Bedingungen hin zu dessen Verschränkung mit dem Individuum und dessen Bemühungen, zu lenken. Damit entsteht, außerhalb eines Opferdiskurses, ein differenziertes Bild von Personen, deren Lebensrealität man weder durch die Darstellung ihrer riskanten Fluchtwege und den in den Herkunftsländern zurückgelassenen Grausamkeiten, noch durch eine alleinige Aufzählung der lebenswidrigen Umstände, gerecht wird. Wie sowohl die Erzählungen der Befragten als auch die gegenwärtige politische Situation zeigen, ist Duldung für viele Personen kein kurzfristiger vorübergehender Status, sondern oft jahrelange Wirklichkeit. Es gilt deshalb, diese von der Asyl- und Integrationspolitik diskriminierten Personen verstärkt zu betrachten und zu untersuchen, um daraus angemessene Hilfsangebote und notwendige politische Veränderungen abzuleiten. Dabei ist es essentiell, den einzelnen Personen innerhalb der heterogenen, aber trotzdem oftmals als eins wahrgenommenen Gruppe der Flüchtlinge, ein Gesicht zu geben und Einzelschicksale aufzuzeigen. Hierbei wird offensichtlich, dass die Personen viel mehr als „Geflohene" sind, die in vollbesetzten Booten in Europa Schutz suchen und in überbelegten Unterkünften die deutsche Verwaltung herausfordern. Mithilfe angemessener Herangehensweisen und Theorien, wie etwa des Agency-Konzeptes, kann gezeigt werden, wie die einzelnen Personen versuchen, Einfluss auf ihre Situation zu nehmen, Strukturen zu verändern, zu ihren Gunsten zu nutzen oder zu umgehen und ihnen damit nicht völlig ausgeliefert zu sein. Es können Personen gezeigt werden, die Talente und Fähigkeiten besitzen und (ganz normale) Zukunftspläne haben. Die Herausforderung und Aufgabe der Politik und der Gesellschaft ist es, diesen Personen auf einer Augenhöhe zu begegnen, dabei Unterstützungsbedarf zu erkennen und diesem nachzukommen. Flüchtlinge brauchen Unterstützungsangebote, welche ihre Selbstverantwortung stärken, vor allem aber brauchen sie die dazugehörigen Bedingungen, unter denen sie ihre vorhandenen und kreativen Kompetenzen und Fähigkeiten gewinnbringend einsetzen können und somit Teil unserer Gesellschaft werden können, der nicht abgeschottet in Gemeinschaftsunterkünften und abhängig von Sozialleistungen lebt. Denn wie die Interviews gezeigt haben, fehlt es den Personen nicht am Willen oder an Ideen, sich in Deutschland ein Leben aufzubauen. Vielmehr wurde offensichtlich, dass diese im Zusammenspiel mit den rechtlichen und gesellschaftlichen Bedingungen, oftmals nicht oder nicht in gewünschtem Maße realisiert werden können weil die Personen zu viel Zeit und Energie für die alltägliche Bewältigung ihres herausfordernden Alltages aufwenden müssen. Es müssen somit Bedingungen geschafft werden, die, im Gegensatz zur jetzigen Praxis, den Personen von Anfang an mehr Mitbestimmung und Selbstständigkeit zugestehen – sei es was die Art der Unterkunft als auch die Suche nach einer Arbeit und damit einer Verantwortung für das eigene Leben, angeht. Die betroffenen Personen müssen realistische Chancen auf eine Integration vorfinden und dürfen nicht aufgrund der Ablehnung ihres Asylgesuchs diskriminiert und nach den Erfahrungen in ihren Herkunftsländern erneut zu Leidtragenden der Umstände werden (vgl. Seukwa 2010: 3). Die derzeitige Politik, von Kritikern als „Anti-Flüchtlingspolitik" (Prantl 2014b) bezeichnet, darf nicht durch die Verteilung von Duldungen Personen jahrelang den Zugang zu einem menschenwürdigen Leben, angefangen bei den Grundbedürfnissen nach Sicherheit, Gesundheit und Privatsphäre, verwehren. Es müssen politische und öffentliche Debatten geführt werden, welche die dauerhafte Anwesenheit der Personen und daraus folgende Aufgaben für Politik und Gesellschaft und nicht ihre schnellstmögliche Zurückweisung zum Gegenstand haben. Dabei muss eine soziale Anerkennung der Personen als gleichberechtigte Gesellschaftsmitglieder angestrebt werden. Dies fängt bei der Wortwahl „Duldung", welche eine Anerkennung und Gleichberechtigung bereits im Kern verhindert, an und führt dabei zur konkreten Aufhebung von vielfältigen Ausgrenzungsmechanismen und Beschränkungen, die sich aus einem aufenthaltsrechtlichen Status ergeben.

„Ich geh wieder in Schule, dann ich mach Schulabschluss und weiter Ausbildung" (Interview Arash, Z. 198f.), damit endet das bereits in der Einleitung zitierte Interview mit Arash aus Afghanistan. Dies ist seine Antwort auf die Frage der Autorin, was er gerne machen würde, wenn er in Deutschland bleiben dürfte. Wie in dieser Arbeit deutlich wurde, ist dies vor allem ein Appell an einen Wandel in der Flüchtlings- und Asylpolitik, welche einen entscheidenden Teil dazu beiträgt, ob Arashs Plan und damit eine bessere Zukunft in Deutschland nur eine hypothetische Vorstellung bleibt oder von ihm realisiert werden kann. Denn, um diese Arbeit mit den Worten von Johann Wolfgang von Goethe zu beschließen: „Toleranz sollte eigentlich nur eine vorübergehende Gesinnung sein; sie muss zur Anerkennung führen. Dulden heißt beleidigen" (zitiert nach Holzinger 2013: 104).

Literaturverzeichnis

Alt, Jörg (2003): Leben in der Schattenwelt. Problemkomplex illegale Migration; neue Erkenntnisse zur Lebenssituation 'illegaler' Migranten aus München und anderen Orten Deutschlands. Zugl. Berlin, Humboldt-Univ., Diss., 2003. Karlsruhe: v. Loeper.

Balluseck, Hilde von (Hg.) (2003): Minderjährige Flüchtlinge. Sozialisationsbedingungen, Akkulturationsstrategien und Unterstützungssysteme. Opladen: Leske + Budrich.

Bamberg, Stefan (2007): Holocaust und Lebenslauf. Autobiografisch-narrative Interviews mit Uberlebenden des Konzentrationslagers Theresienstadt. Dissertation. Ruprecht-Karls-Universität Heidelberg, Heidelberg.

BAMF (2014a): Asylbewerberleistungsgesetz. Asylbewerberleistungsgesetz sichert den Grundbedarf. Bundesamt für Migration und Flüchtlinge. Online verfügbar unter http://www.bamf.de/DE/Migration/AsylFluechtlinge/Asylverfahren/Asylbewerberleistungen/asylbewerberleistungen-node.html, zuletzt geprüft am 13.11.2014.

BAMF (2014b): Asylgeschäftsstatistik für den Monat November 2014. Hg. v. Bundesamt für Migration und Flüchtlinge.

BAMF (2014c): Flüchtlingsschutz. Bundesamt für Migration und Flüchtlinge. Online verfügbar unter http://www.bamf.de/DE/Migration/AsylFluechtlinge/Fluechtlingsschutz/fluechtlingsschutz-node.html, zuletzt geprüft am 12.01.2015.

BAMF (2014d): Kosovo-Rückkehrprojekt "URA 2". Bundesamt für Migration und Flüchtlinge. Online verfügbar unter http://www.bamf.de/DE/Rueckkehrfoerderung/ProjektKosovo/projektkosovo.html?nn=1365758, zuletzt geprüft am 10.11.2014.

BAMF (2014e): Verteilung der Asylbewerber. Bundesamt für Migration und Flüchtlinge. Online verfügbar unter http://www.bamf.de/DE/Migration/AsylFluechtlinge/Asylverfahren/Verteilung/verteilung.html;jsessionid=1DD68247326I1FA2B79052CE7BD2BBFA.1_cid359, zuletzt geprüft am 20.12.2014.

BAMS (2014): XENOS - Arbeitsmarktliche Unterstützung für Bleibeberechtigte und Flüchtlinge. Bundesministerium für Arbeit und Soziales. Online verfügbar unter http://www.esf.de/portal/generator/6610/sonderprogramm__bleibeberechtigte.html, zuletzt geprüft am 22.11.2014.

Bautz, Wolfgang (Hg.) (2009): Entwurzelt, ausgegrenzt, erkrankt. Psychotherapeutische und psychosoziale Versorgung von Asylsuchenden. Berlin: Frank & Timme.

Berger, Ronald J. (2008): Agency, Structure, and the Transition to Disability: a Case Study with Implications for Life History Research. In: *The Sociological Quarterly* 49 (2), S. 309–333.

Bethmann, Stephanie; Helfferich, Cornelia; Hoffmann, Heiko; Niermann, Debora (Hg.) (2012): Agency. Qualitative Rekonstruktionen und gesellschaftstheoretische Bezüge von Handlungsmächtigkeit. Weinheim und Basel: Beltz Juventa.

Biesta, Gert; Tedder, Michael (2006): How is agency possible? Towards an ecological understanding of agency-as-achievement. Working Paper 5. Learning Lives.

Bleiberecht in Baden-Württemberg (2012): Das ESF-Programm "Bleibeberechtigte und Flüchtlinge". Flüchtlingsrat Baden-Württemberg. Online verfügbar unter http://www.bleibinbw.de/index.php/das-bundesprogramm.html, zuletzt geprüft am 17.11.2014.

BMBF (2014): Anerkennung ausländischer Berufsqualifikationen. Bundesministerium für Bildung und Forschung. Online verfügbar unter http://www.bmbf.de/de/15644.php, zuletzt geprüft am 13.11.2014.

Boettcher, Johanna (2014): Wie der Käse in der Mausefalle. Neue Bleiberechtsregelung droht ins Leere zu laufen. In: *Der Schlepper* 69 (6), S. 31–32.

Boettcher, Johanna; Weber, Kai (2014): Flüchtlinge auf dem Arbeitsmarkt - zwischen Teilhabe und Ausschluss. In: *Flüchtlingsrat. Zeitschrift für Flüchtlingspolitik in Niedersachsen* 142 (1), S. 24–25.

Bohnsack, Ralf (2014): Rekonstruktive Sozialforschung. Einführung in qualitative Methoden. 9., überarb. und erw. Aufl. Opladen: Budrich (UTB, 8242 : Erziehungswissenschaft, Sozialwissenschaft).

Brühl, Jannis (2014): Sauberes Geschäft mit Flüchtlingen. In: *Süddeutsche Zeitung*, 16.10.2014. Online verfügbar unter http://www.sueddeutsche.de/wirtschaft/hygiene-in-notunterkuenften-sauberes-geschaeft-mit-fluechtlingen-1.2167762, zuletzt geprüft am 16.01.2015.

BVerfG (2012): Regelungen zu den Grundleistungen in Form der Geldleistungen nach dem Asylbewerberleistungsgesetz verfassungswidrig. BVerfG. Online verfügbar unter https://www.bundesverfassungsgericht.de/SharedDocs/Entscheidungen/DE/2012/07/ls20120718_1bvl001010.html, zuletzt geprüft am 18.11.2014.

Celebi-Bektas, Naciye (2010): Prekäre Beschäftigungssituation von Flüchtlingen. Ein Blick aus der Beratungssituation. In: Flüchtlingsrat Niedersachsen e.V. (Hg.): Arbeitsmarktzugang für Flüchtlinge und MigrantInnen. Abschlussdokumentation einer Projektzusammenarbeit von: Flüchtlingsrat Niedersachsen, Deutscher Gewerkschaftsbund Niedersachsen-Bremen-Sachsen-Anhalt, Bund Türkisch-Europäischer Unternehmer e.V.; HWK Hannover Projekt- und Servicegesellschaft, S. 19–23.

Clandestino: Database on Irregular Migration (2012): Stocks of Irregular Migrants: Estimates for Germany. Hg. v. Hamburgisches WeltWirtschaftsInstitut. Online verfügbar unter http://irregular-migration.net/fileadmin/irregular-migration/dateien/3.Database_on_IrregMig/3.2.Stock_Tables/Germany_Estimates_IrregularMigration_Jul12.pdf, zuletzt geprüft am 08.11.2014.

Classen, Georg (2011): Die Finanzierung ambulanter Psychotherapien für Flüchtlinge. Hg. v. Flüchtlingsrat Berlin. Berlin.

Classen, Georg (2013): Das BVerfG-Urteil zur Verfassungswidrigkeit des AsylbLG. Das menschenwürdige Existenzminimum - Grundrecht auch für Ausländer. Flüchtlingsrat Berlin. Berlin.

Die Bundesregierung (2014a): Antwort der Bundesregierung auf die Kleine Anfrage der Abgeordneten Ulla Jelpke, Jan Korte, Sevim Dağdelen, weiterer Abgeordneter und der Fraktion DIE LINKE. Abschiebungen im Jahr 2013. Hg. v. Deutscher Bundestag (Drucksache 18/782).

Die Bundesregierung (2014b): Antwort der Bundesregierung auf die Kleine Anfrage der Abgeordneten Ulla Jelpke, Jan van Aken, Annette Groth, weiterer Abgeordneter und der Fraktion DIE LINKE. Proteste gegen und Übergriffe auf Flüchtlingsunterkünfte im dritten Quartal 2014. Deutscher Bundestag. Berlin (Drucksache 18/3376).

Die Bundesregierung (2015): De-facto-Flüchtlinge. Die Bundesregierung. Online verfügbar unter http://www.bundesregierung.de/Content/DE/Lexikon/IB/D/de-facto-fluechtlinge.html, zuletzt geprüft am 14.01.2015.

Dünnwald, Stephan (2009): Kosovo. Bericht zur Lebenssituation von aus Deutschland abgeschobenen Roma, Ashkali und Angehörigen der Ägypter-Minderheit im Kosovo. Hg. v. PRO ASYL e.V. Frankfurt am Main.

Dünnwald, Stephan (2011): Die Bundesrepublik als Lagergesellschaft. In: Landesflüchtlingsräte (Hg.): Ausgelagert. Zur Unterbringung von Flüchtlingen in Deutschland (Sonderheft der Flüchtlingsräte), S. 8–12.

Emirbayer, Mustafa; Mische, Ann (1998): What is Agency? In: *American Journal of Sociology* 104 (4), S. 962–1023.

Emminghaus, Wolf Bernhard (2008): Flüchtlinge in Deutschland. Gewaltopfer oder Überlebende? In: *Sozial extra* 12 (11), S. 35–38.

Encyclopedia Britannica (2014): Urdu language. Encyclopedia Britannica. Online verfügbar unter http://www.britannica.com/EBchecked/topic/619612/Urdu-language, zuletzt geprüft am 12.12.2014.

Esser, Hartmut (2006): Migration, Sprache und Integration: Die AKI-Forschungsbilanz kurz gefasst. Hg. v. Arbeitsstelle Interkulturelle Konflikte und gesellschaftliche Integration und Wissenschaftszentrum Berlin. Berlin.

Evangelischer Oberkirchenrat Karlsruhe/Diakonisches Werk Baden (Hg.) (2013): Informationen zur Neuregelung der Flüchtlingsunterbringung in Baden-Württemberg.

Fischer, Wolfgang; Kohli, Martin (1987): Biographieforschung. In: Wolfgang Voges (Hg.): Methoden der Biographie- und Lebenslaufforschung. Opladen: Leske + Budrich, S. 25–49.

Flüchtlingsrat Baden-Württemberg (2008): Endlich - Schulpflicht auch für Flüchtlingskinder.

Flüchtlingsrat Baden-Württemberg (2012a): Endlich: Flüchtlinge mit Aufenthaltsgestattung oder Duldung dürfen auch in Baden-Württemberg studieren.

Flüchtlingsrat Baden-Württemberg (Hg.) (2012b): Human und dezentral - für eine bessere Unterbringung von Flüchtlingen in Baden-Württemberg! Positionspapier für die "AG FlüAG" am 24. Juli 2012. Stuttgart.

Flüchtlingsrat Baden-Württemberg (2014a): Neue gesetzliche Regelungen beim Arbeitsmarktzugang von Personen mit Aufenthaltsgestattung und Duldung. Informationsblatt Nov. 2014.

Flüchtlingsrat Baden-Württemberg (2014b): Schon wieder ein Asylkompromiss. Bundesregierung kauft Ländern die Zustimmung zum Asylbewerberleistungsgesetz für 1 Milliarde Euro ab. Flüchtlingsrat Baden-Württemberg. Online verfügbar unter http://fluechtlingsrat-bw.de/informationen-ansicht/schon-wieder-ein-asylkompromiss.html, zuletzt aktualisiert am 13.01.3015.

Fritz, Florian (2004): Sozialarbeit mit kosovoalbanischen Bürgerkriegsflüchtlingen - eine neue Herausforderung für die Migrationssozialarbeit. In: Florian Fritz und Frank Groner (Hg.): Wartesaal Deutschland. Ein Handbuch für die Soziale Arbeit mit Flüchtlingen. Stuttgart: Lucius und Lucius, S. 74–88.

Fritz, Florian; Groner, Frank (Hg.) (2004): Wartesaal Deutschland. Ein Handbuch für die Soziale Arbeit mit Flüchtlingen. Stuttgart: Lucius und Lucius.

Fuchs-Heinritz, Werner (2009): Biographische Forschung. Eine Einführung in Praxis und Methoden. 4. Auflage. Wiesbaden: VS Verlag für Sozialwissenschaften (SpringerLink : Bücher).

Gag, Maren; Voges, Franziska (Hg.) (2014): Inklusion auf Raten. Zur Teilhabe von Flüchtlingen an Ausbildung und Arbeit. Münster: Waxmann (Bildung in Umbruchsgesellschaften, 10).

Glinka, Hans-Jürgen (2003): Das narrative Interview. Eine Einführung für Sozialpädagogen. 2. Aufl. Juventa-Verl.: Weinheim (Edition soziale Arbeit).

Glöckler, Ulrich (2011): Soziale Arbeit der Ermöglichung. "Agency"-Perspektiven und Ressourcen des Gelingens. Wiesbaden: VS Verlag für Sozialwissenschaften (SpringerLink : Bücher).

Gudd, Laura (2011): Die "Residenzpflicht" in Baden-Württemberg. In: *Flüchtlingsrat Baden-Württemberg Rundbrief* (1), S. 18–19.

Haug, Sonja (2008): Sprachliche Integration von Migranten in Deutschland. Working Paper 14. Hg. v. Bundesamt für Migration und Flüchtlinge. Nürnberg (Integrationsreport).

Heide, Ulrich (2012): Ausbildung junger geduldeter Ausländer. Hg. v. Bundesministerium für Arbeit und Soziales. Bonn.

Helfferich, Cornelia (2012a): Agency-Analyse und Biografieforschung. Rekonstruktion von Viktimisierungsprozessen in biografischen Erzählungen. In: Stephanie Bethmann, Cornelia Helfferich, Heiko Hoffmann und Debora Niermann (Hg.): Agency. Qualitative Rekonstruktionen und gesellschaftstheoretische Bezüge von Handlungsmächtigkeit. Weinheim und Basel: Beltz Juventa, S. 210–237.

Helfferich, Cornelia (2012b): Einleitung: Von roten Heringen, Gräben und Brücken. Versuche einer Kartierung von Agency-Konzepten. In: Stephanie Bethmann, Cornelia Helfferich, Heiko Hoffmann und Debora Niermann (Hg.): Agency. Qualitative Rekonstruktionen und gesellschaftstheoretische Bezüge von Handlungsmächtigkeit, 9-39. Weinheim und Basel: Beltz Juventa.

Hemmerling, Ulrike (2003): Von der Schwierigkeit mit dem Begriff "Flüchtling" zu operieren. In: Projekttutorien „Lebenswirklichkeiten von Flüchtlingen in Berlin"/ "Behörden und Migration" (Hg.): Verwaltet, entrechtet, abgestempelt - wo bleiben die Menschen? Einblicke in das Leben von Flüchtlingen in Berlin. Berlin, S. 9–17.

Hemmerling, Ulrike; Schwarz, Tobias (2004): "Flüchtlinge" in Deutschland - erzwungenes Leben im Zwischenraum. In: *Flüchtlingsrat. Zeitschrift für Flüchtlingspolitik in Niedersachsen* 5 (103), S. 5–11.

Hermanns, Harry (1992): Die Auswertung narrativer Interviews. Ein Beispiel für qualitative Verfahren. In: Jürgen H. P. Hoffmeyer-Zlotnik (Hg.): Analyse verbaler Daten. Über den Umgang mit qualitativen Daten. Opladen: Westdt. Verl (ZUMA-Publikationen), S. 110–142.

Hoffmann, Heiko (2012): Macht - Wahn - Sinn. Die sequenzielle Analyse von Agency am Beispiel der Darstellung Psychoseerfahrener. In: Stephanie Bethmann, Cornelia Helfferich, Heiko Hoffmann und Debora Niermann (Hg.): Agency. Qualitative Rekonstruktionen und gesellschaftstheoretische Bezüge von Handlungsmächtigkeit. Weinheim und Basel: Beltz Juventa, S. 181–209.

Holzinger, Michael (2013): Johann Wolfgang Goethe: Maximen und Reflexionen. Berlin: CreateSpace Independent Publishing Platform.

Homfeldt, Hans Günther; Schröer, Wolfgang; Schweppe, Cornelia (2008): Vom Adressaten zum Akteur - eine Einführung. In: Hans Günther Homfeldt, Wolfgang Schröer und Cornelia Schweppe (Hg.): Vom Adressaten zum Akteur. Soziale Arbeit und Agency. Opladen: Budrich, S. 7–14.

Hügel, Volker Maria (2010): Die Duldung - Aussetzung der Abschiebung. Arbeitshilfe. Hg. v. Projekt Q. Büro für Qualifizierung der Flüchtlingsberatung. Münster.

Hummrich, Merle (2002): Bildungserfolg und Migration. Biographien junger Frauen in der Einwanderungsgesellschaft. Opladen: Leske und Budrich.

Klamann-Senz, Doreen (2011): Lager als Schutz vor rassistischen Angriffen? In: Landesflüchtlingsräte (Hg.): Ausgelagert. Zur Unterbringung von Flüchtlingen in Deutschland (Sonderheft der Flüchtlingsräte), S. 31–32.

Klingelhöfer, Susanne; Rieker, Peter (2003): Junge Flüchtlinge in Deutschland - Expertise zu vorliegenden Informationen, zum Forschungsstand und zum Forschungsbedarf. Hg. v. Deutsches Jugendinstitut e.V. Halle.

Kormann, Georg; Saur, Brigitte (1997): Mit Verletzungen leben. Zur psychischen Situation von Asylbewerbern. In: Georg E. Becker, Claudia Hartmann-Kurz und Ute Nagel (Hg.): Schule für alle. Die Asylpolitik und ihre Auswirkungen auf Kindern von Asylbewerbern. Weinheim und Basel: Beltz, S. 96–120.

Kühne, Peter (2003): Fluchtmigrant(innen) auf dem Arbeitsmarkt. In: Christoph Butterwegge und Gudrun Hentges (Hg.): Zuwanderung im Zeichen der Globalisierung. Migrations-, Integrations- und Minderheitenpolitik. 2. Aufl. Opladen: Leske und Budrich, S. 215–229.

Küsters, Ivonne (2009): Narrative Interviews. Grundlagen und Anwendungen. 2. Auflage. Wiesbaden: VS Verlag für Sozialwissenschaften (SpringerLink : Bücher).

Landesflüchtlingsräte (Hg.) (2011): Ausgelagert. Zur Unterbringung von Flüchtlingen in Deutschland (Sonderheft der Flüchtlingsräte).

Lillig, Marion (2004): Überleben im deutschen Exil. Zur Lage und zu den Handlungsmöglichkeiten von Asylbewerbern. Frankfurt am Main/London: IKO-Verlag für Interkulturelle Kommunikation.

Linder, Andreas (2014b): "Asylkompromiss" 2014-cui bono? Bundesrat stimmt "Sichere Herkunftsstaaten"-Gesetz zu- Baden-Württemberg macht es möglich. In: *Flüchtlingsrat Baden-Württemberg Rundbrief* (3), S. 36–40.

Loeper, Angelika von; Linder, Andreas (2011): Die Lagerpolitik in den Bundesländern. Baden-Württemberg. In: Landesflüchtlingsräte (Hg.): Ausgelagert. Zur Unterbringung von Flüchtlingen in Deutschland (Sonderheft der Flüchtlingsräte), S. 58–59.

Lucius-Hoene, Gabriele (2012): "Und dann haben wir's operiert". Ebenen der Textanalyse narrativer Agency-Konstruktionen. In: Stephanie Bethmann, Cornelia Helfferich, Heiko Hoffmann und Debora Niermann (Hg.): Agency. Qualitative Rekonstruktionen und gesellschaftstheoretische Bezüge von Handlungsmächtigkeit. Weinheim und Basel: Beltz Juventa, S. 40–70.

Lukas, Waldemar (2011): Migranten im Niedriglohnsektor unter besonderer Berücksichtigung der Geduldeten und Bleibeberechtigten. Working Paper 39. Hg. v. Bundesamt für Migration und Flüchtlinge. Nürnberg.

Mayring, Philipp (2002): Einführung in die qualitative Sozialforschung. Eine Anleitung zu qualitativem Denken. 5., überarb. und neu ausgestattete Aufl. Beltz: Weinheim u.a.

Mick, Carola (2012): Das Agency-Paradigma. In: Ullrich Bauer, Uwe H. Bittlingmayer und Albert Scherr (Hg.): Handbuch Bildungs- und Erziehungssoziologie. Wiesbaden: VS Verlag für Sozialwissenschaften (Bildung und Gesellschaft), S. 527–541.

Ministerium für Integration Baden-Württemberg (2013): Härtefallkommission. Ministerium für Integration Baden-Württemberg. Online verfügbar unter http://www.integrationsministerium-bw.de/pb/,Lde/Startseite/Themen/Haertefallkommission, zuletzt geprüft am 20.11.2014.

Mirbach, Thomas; Schobert, Berthold (2011): Evaluation des ESF-Bundesprogramms zur arbeitsmarktlichen Unterstützung für Bleibeberechti gte und Flüchtlinge mit Zugang zum Arbeitsmarkt. Abschlussbericht. Hg. v. Lawaetz-Stiftung, Univation und WSF. Hamburg.

Mirbach, Thomas; Triebl, Katrin; Farrokzhad, Schahrzad (2013): Programmevaluation "ESF-Bundesprogramm zur arbeitsmarktlichen Unterstützung für Bleibeberechtigte und Flüchtlinge mit Zugang zum Arbeitsmarkt". 2. Förderrunde - Zwischenbilanz. Hg. v. Lawaetz-Stiftung und Univation. Hamburg.

Müller, Andreas (2013): Die Organisation der Aufnahme und Unterbringung von Asylbewerbern in Deutschland. Fokus-Studie der deutschen nationalen Kontaktstelle für das Europäische Migrationsnetzwerk (EMN). Hg. v. Bundesamt für Migration und Flüchtlinge und Nationale Kontaktstelle des EMN. Nürnberg.

Münchner Flüchtlingsrat (2014): Leben mit dem Asylbewerberleistungsgesetz. Münchner Flüchtlingsrat. Online verfügbar unter http://www.muenchner-fluechtlingsrat.de/index.php/Main/LebenMitDemAsylbewerberleistungsgesetz, zuletzt geprüft am 22.11.2014.

Narr, Wolf-Dieter; Scherr, Albert (2013): Sinti und Roma als Bürgerinnen und Bürger in Deutschland. Anmerkungen zum Antiziganismus. Hg. v. Komitee für Grundrechte und Demokratie e.V. Köln.

Nuscheler, Franz (2004): Internationale Migration. Flucht und Asyl. 2. Aufl. Wiesbaden: VS Verlag für Sozialwissenschaften (Lehrbuch, 14).

Oberhuber, Nadine (2014): Die deutsche Flüchtlingskatastrophe. In: *Die Zeit*, 14.10.2014. Online verfügbar unter http://www.zeit.de/wirtschaft/2014-10/kommunen-fluechtlinge.

Penteker, Gisela (2004): Duldung macht krank. Die gesundheitlichen Auswirkungen prekärer Lebensverhältnisse auf Flüchtlinge und Migranten. In: *Flüchtlingsrat. Zeitschrift für Flüchtlingspolitik in Niedersachsen* 5 (5), S. 18–19.

Prantl, Heribert (2014a): Perfidie in Paragrafenform. In: *Süddeutsche Zeitung*, 09.05.2014. Online verfügbar unter http://www.sueddeutsche.de/politik/gesetzentwurf-zur-asylpolitik-perfidie-in-paragrafenform-1.1955012, zuletzt geprüft am 16.01.2015.

Prantl, Heribert (2014b): Mobilmachung des Mitgefühls. In: *Süddeutsche Zeitung*, 18.10.2014. Online verfügbar unter http://www.sueddeutsche.de/meinung/fluechtlinge-in-deutschland-mobilmachung-des-mitgefuehls-1.2178312, zuletzt geprüft am 16.01.2015.

Preuß, Roland (2014): Deutschland ist zum Einwanderungsland gereift. In: *Süddeutsche Zeitung*, 10.12.2014. Online verfügbar unter http://www.sueddeutsche.de/politik/fluechtlingspolitik-deutschland-ist-zum-einwanderungsland-gereift-1.2260517, zuletzt geprüft am 16.01.2015.

PRO ASYL e.V. (2014a): AsylbLG: Milliarden-Deal auf Kosten der Gesundheit von Flüchtlingen. PRO ASYL e.V. Online verfügbar unter http://www.proasyl.de/de/presse/detail/news/-ec56ba9860/.

PRO ASYL e.V. (2014b): „Gesetz zu Bleiberecht und Aufenthaltsbeendigung:" Massive Verschärfung des Aufenthaltsrechts. PRO ASYL e.V. Online verfügbar unter http://www.proasyl.de/de/news/detail/news/gesetz_zu_bleiberecht_und_aufenthaltsbeendigung_massive_verschaerfung_des_aufenthaltsrechts/.

PRO ASYL e.V. (2010): Rücknahme der Vorbehalte zur UN-Kinderrechtskonvention. PRO ASYL e.V. Online verfügbar unter http://www.proasyl.de/de/themen/asylrecht/detail/news/ruecknahme_der_vorbehalte_zur_un_kinderrechtskonvention_nun_offiziell/, zuletzt geprüft am 15.12.2014.

PRO ASYL e.V.; Deutscher Caritasverband e.V.; Diakonisches Werk der EKD e.V. (Hg.) (2011): Für eine neue Bleiberechtsregelung.

Przyborski, Aglaja; Wohlrab-Sahr, Monika (2010): Qualitative Sozialforschung. Ein Arbeitsbuch. 3., korr. Aufl. München: Oldenbourg (Lehr- und Handbücher der Soziologie).

Raitelhuber, Eberhard (2010): Ein relationales Verständnis von Agency. Sozialtheoreitsche Überlegungen und Konsequenzen für empirische Analysen. Handlungsfähigkeit, Handlungsmacht, Agency. Ein Symposium zu Agency-Analyse in der qualitativ-rekonstruktiven Forschung. Evangelische Hochschule Freiburg. Freiburg im Breisgau, 2010.

Raitelhuber, Eberhard (2012): Ein relationales Verständnis von Agency. Sozialtheoretische Überlegungen und Konsequenzen für empirische Analysen. In: Stephanie Bethmann, Cornelia Helfferich, Heiko Hoffmann und Debora Niermann (Hg.): Agency. Qualitative Rekonstruktionen und gesellschaftstheoretische Bezüge von Handlungsmächtigkeit. Weinheim und Basel: Beltz Juventa, S. 122–153.

Sackmann, Reinhold (2013): Lebenslaufanalyse und Biografieforschung. Eine Einführung. Wiesbaden: Springer VS (SpringerLink : Bücher).

Scherenberg, Timmo (2010): Leben im Lager. Ein Beispiel aus Hessen. In: *Flüchtlingsrat. Zeitschrift für Flüchtlingspolitik in Niedersachsen* 2 (131), S. 12–13.

Scherr, Albert (2007): Migration und Integration: Was heißt "gelungene Integration"? 4. Kinder- und Jugendhilfetag. Stuttgart, 2007.

Scherr, Albert (2012): Soziale Bedingungen von Agency. Soziologische Eingrenzungen einer sozialtheoretisch nicht auflösbaren Paradoxie. In: Stephanie Bethmann, Cornelia Helfferich, Heiko Hoffmann und Debora Niermann (Hg.): Agency. Qualitative Rekonstruktionen und gesellschaftstheoretische Bezüge von Handlungsmächtigkeit. Weinheim und Basel: Beltz Juventa, S. 99–121.

Schütze, Fritz (1987): Das narrative Interview in Interfeldaktionsstudien. Studieneinheiten der Fernuniversität/Gesamthochschule Hagen. Hagen.

Schütze, Fritz (1994): Zum Transkriptionsvorgang und zum Inventar der Analysezeichen für narrative Interviews. In: Hans-Christoph Koller und Rainer Kokemohr (Hg.): Lebensgeschichte als Text. Zur biographischen Artikulation problematischer Bildungsprozesse. Dr. nach Typoskript. Weinheim: Deutscher Studien Verlag (Interaktion und Lebenslauf, 10), S. 148 - 153 (Anhang).

Schwingel, Markus (1995): Pierre Bourdieu zur Einführung. Hamburg: Junius Verlag.

Senatsverwaltung für Integration, Arbeit und Soziales (Hg.) (2010): Deutscher Name - halbe Miete? Diskriminierung auf dem Wohnungsmarkt. Berlin.

Seukwa, Louis Henri (2006): Der Habitus der Überlebenskunst. Zum Verhältnis von Kompetenz und Migration im Spiegel von Flüchtlingsbiographien. Münster, New York, München, Berlin: Waxmann (Bildung in Umbruchgesellschaften, 5).

Seukwa, Louis Henri (2010): Handlungsfähigkeit im Flüchtlingsraum. Fachvortrag bei der Veranstaltungsreihe Partner im Aktionsplan zur Bildungs- und Ausbildungsförderung junger Menschen mit Migrationshintergrund. Hamburg, 2010.

Statistisches Bundesamt (2014): Empfängerinnen und Empfänger nach Bundesland. Statistisches Bundesamt. Online verfügbar unter https://www.destatis.de/DE/ZahlenFakten/GesellschaftStaat/Soziales/Sozialleistungen/Asylbewerberleistungen/Tabellen/Tabellen_EmfaengerBL.html, zuletzt geprüft am 22.12.2014.

Statistisches Bundesamt (2015): Ausländische Bevölkerung am 31.12.2013 nach aufenthaltsrechtlichem Status. Statistisches Bundesamt. Online verfügbar unter https://www.destatis.de/DE/ZahlenFakten/GesellschaftStaat/Bevoelkerung/MigrationIntegration/AuslaendischeBevolkerung/Tabellen/AufenthaltsrechtlicherStatus.html, zuletzt geprüft am 15.01.2015.

Täubig, Vicki (2009): Totale Institution Asyl. Empirische Befunde zu alltäglichen Lebensführungen in der organisierten Desintegration. Weinheim und München: Juventa.

Thielen, Marc (2009): Wo anders leben? Migration, Männlichkeit und Sexualität; biografische Interviews mit iranischstämmigen Migranten in Deutschland. Waxmann: Münster (Internationale Hochschulschriften). Online verfügbar unter http://d-nb.info/99296430X/04.

UNHCR (2014b): Asylum Trends, First half 2014. Levels and Trends in Industrialized Countries. Hg. v. United Nations High Commissioner for Refugees. Genf.

UNHCR (2014a): War's Human Cost. UNHCR Global Trends 2013. Hg. v. United Nations High Commissioner for Refugees. Genf.

von Drach, Markus Schulte (2014): Vom Vorurteil zur Fremdenfeindlichkeit. In: *Süddeutsche Zeitung*, 10.12.2014. Online verfügbar unter http://www.sueddeutsche.de/politik/fluechtlinge-in-deutschland-vom-vorurteil-zur-fremdenfeindlichkeit-1.2251706, zuletzt geprüft am 16.01.2015.

Walbrecht, Sigmar (2010): Zwischen Arbeitszwang und Ausgrenzung. Die Härten und Widersprüche im Flüchtlingsalltag. In: Flüchtlingsrat Niedersachsen e.V. (Hg.): Arbeitsmarktzugang für Flüchtlinge und MigrantInnen. Abschlussdokumentation einer Projektzusammenarbeit von: Flüchtlingsrat Niedersachsen, Deutscher Gewerkschaftsbund Niedersachsen-Bremen-Sachsen-Anhalt, Bund Türkisch-Europäischer Unternehmer e.V.; HWK Hannover Projekt- und Servicegesellschaft, S. 10–15.

Weiser, Barbara (2014): Leitfaden für Flüchtlinge in Niedersachsen. Hg. v. Flüchtlingsrat Niedersachsen. Hildesheim.

Wendel, Kay (2014b): Kettenduldung. Bleiberechtsregelungen und parlamentarische Initiativen. Hg. v. Flüchtlingsrat Brandenburg. Potsdam.

Wendel, Kay (2014a): Unterbringung von Flüchtlingen in Deutschland. Regelungen und Praxis der Bundesländer im Vergleich. Hg. v. PRO ASYL e.V. Frankfurt am Main.

Worbs, Susanne (2005): Illegalität von Migranten in Deutschland. Zusammenfassung des Forschungsstandes. Workingpaper 2/2005. Hg. v. Bundesamt für Migration und Flüchtlinge. Nürnberg.

Verwendete Gesetzestexte

Nationale Gesetzestexte

Asylbewerberleistungsgesetz, in der Fassung vom 5. August 1997 (Stand: zuletzt geändert am 22.11.2011) (AsylbLG)

Asylverfahrensgesetz, in der Fassung vom 2. September 2008 (Stand: zuletzt geändert am 28.08.2013) (AsylVfG)

Gesetz über den Aufenthalt, die Erwerbstätigkeit und die Integration von Ausländern im Bundesgebiet, in der Fassung vom 25. Februar 2008 (Stand: zuletzt geändert am 06.09.2013) (Aufenthaltsgesetz – AufenthaltG)

Gesetz zur Einstufung weiterer Staaten als sichere Herkunftsstaaten und zur Erleichterung des Arbeitsmarktzugangs für Asylbewerber und geduldete Ausländer, vom 31. Oktober 2014

Bundeslandspezifische Gesetzestexte

Baden-Württemberg: Gesetz über die Aufnahme von Flüchtlingen, in der Fassung vom 19. Dezember 2013 (Flüchtlingsaufnahmegesetz – FlüAG)

Europäische Gesetzestexte

Richtlinie 2003/9/EG des Rates zur Festlegung von Mindestnormen für die Aufnahme von Asylbewerbern in den Mitgliedstaaten, vom 27. Januar 2003

Abkommen über die Rechtsstellung der Flüchtlinge vom 28. Juli 1951, in Kraft getreten am 22. April 1954; Protokoll über die Rechtsstellung der Flüchtlinge vom 31. Januar 1967, in Kraft getreten am 4. Oktober 1967 (Genfer Konvention – GFK)

Anhang

I. Transkriptionsregeln

I	Interviewerin
E	Erzähler
..	kurze Pause
…	mittlere Pause
(Pause)	Pause ab 3 Sek mit Angabe der Sekundenzahl
(mhm)	Pausenfüller, Rezeptionssignal (der Interviewerin)
Genau	Betonung/lautes Sprechen
Genau	leises Sprechen
(lacht)	nonverbale Aktivität
(unv.)	unverständlich
(Freunde?)	nicht mehr genau verständlich, vermuteter Wortlaut
/	Wort-und Satzabbrüche, sich selbst verbessern
// //	Sprechüberlappung (Text der gleichzeitig gesprochen wird steht innerhalb //)
(?)	Frageintonation/steigende Intonation
(h)	Formulierungshemmen, Drucksen

II. Interviewprotokoll Raza

Datum und Uhrzeit:	*01.10.2014; 19 Uhr*
Ort:	*Wohnzimmer der Wohnung der Autorin*

Kontaktaufnahme

- Bekanntschaft über gemeinsame Freunde. Deshalb bereits einige Male bei Geburtstagen oder ähnlichen Anlässen getroffen und hin und wieder miteinander geredet
- Bereits Anfang August zufällig auf der Straße getroffen und nach allgemeiner Interviewbereitschaft gefragt, welcher Raza sofort zustimmte („mache ich gerne, melde dich einfach, ich habe immer Zeit")

Beobachtete Verfassung des Befragten

- Entspannt, da er einen freien Tag hatte und mit seinem Bruder Minigolf spielen war
- Während Interview gewisse Anspannung, oft auf den roten Knopf des Aufnahmegerätes geschaut, oft geräuspert

Interaktionsverhalten zwischen Interviewerin und Befragtem

- Vor dem Interview zeigte Raza Bilder von seiner Hochzeit die zwei Wochen vorher stattfand, erzählte von seiner bevorstehenden Deutschprüfung am nächsten Tag und fragte die Interviewerin nach dem Fortschritt ihrer Masterarbeit und ihrem generellen Befinden → Situation wie zwischen Freunden, die sich treffen und sich erzählen wie es ihnen geht und was sie in letzter Zeit gemacht haben
- Gefühl, dass er nach dem Ausschalten des Tonbandgerätes „ehrlicher" war, authentischer, mehr von Sorgen und Ängsten erzählt
- Er betonte dass ihm eine Anonymisierung egal sei, seine Frau für ihr Studium ebenfalls schon ein Interview mit ihm durchgeführt habe und er damit kein Problem hat
- Insgesamt sehr nette Atmosphäre, vor allem nach dem Interview viel gemeinsam gelacht

Während dem Interview

- Sprachliche Auffälligkeiten:
    - Präsens und Vergangenheit hin und wieder verwechselt
    - Am Ende schlechter gesprochen → sichtliche Anstrengung, Müdigkeit

- Vor allem während Erzählung über Duldung und Wohnheim sehr nachdenklich gesprochen

Nach dem Interview

- Lockerere Erzählung als mit dem Aufnahmegerät
- Bedankte sich mehrmals bei Interviewerin und bot an, weitere Interviewpartner zu finden
- Erwähnte dass ihm die Art des Interviews fremd war und er es besser findet, wenn man mehr Fragen stellt auf die er antworten kann
- Erzählte von religiöser Gruppe der Ahmadi in Pakistan
- Politisch engagierter Onkel, welcher in der Oppositionspartei tätig ist. Raza begleitete ihn oft bei seinem politischen Engagement und hat deshalb „Probleme" in Pakistan gehabt.
- Er erzählte, dass der Grund für den Erhalt der Duldung war, dass er keine Zeugnisse hatte und sich nicht ausweisen konnte. Davon erzählte er seiner Familie in Pakistan nichts, weil er nicht wollte dass diese sich Sorgen machen.
- Lange Zeit hatte er sehr viel Angst. Vor allem als er dann Verlobte kennengelernt hat. Er war verliebt und hatte Angst, gehen zu müssen, da er bereits eine Abschiebungsandrohung erhielt. Aber er wollte auch nicht mit seiner Verlobten nach Pakistan, weil in Pakistan „Dinge nicht gut" sondern „stressig" und „traurig" sind
- Erzählte von seinen ersten Tag in Deutschland und dass es eine „lustige" Geschichte ist. Dann erzählte er wie er mit seinem Freund, mit dem er geflüchtet ist, in Berlin mit lediglich 10 Euro und zwei Wörtern auf Englisch, nämlich „Money change" ankam und dann mithilfe einer Telefonzelle seinen Onkel in Stuttgart erreichen konnte → „Ich war schon nervös aber irgendwie klappt es immer"
- Erzählte über Frauenbild in Pakistan: Frauen die dort studiert haben, arbeiten nicht, weil ihre Männer das nicht wollen. Er findet das gut und hat das auch seinem in Pakistan lebenden Bruder gesagt.
- Über Verkehr in Pakistan geredet. Viele junge Leute fahren Motorroller obwohl sie noch Kinder sind und keinen Führerschein haben, was sehr gefährlich ist. Deshalb findet er den Verkehr mit Verkehrsregeln in Deutschland viel besser.
- Er meint, dass in Pakistan Leute viele Sachen nicht beachten, z.B. passen viele wenn sie krank sind nicht auf und stecken andere Leute an. Auch das findet Raza in Deutschland besser.
- Er hat lange über seine Arbeit geredet. Kommt sehr gut mit Kollegen aus, mit dem Chef dahingegen eher nicht so. Dieser gibt ihm keinen Urlaub,

obwohl Raza sehr viel arbeitet, was der Chef ihm zufolge jedoch nicht sieht. Deshalb will er Arbeitsstelle wechseln. Betonte dass er seine Arbeitsstellen in Deutschland nur wegen Umzug und sonst nicht gewechselt hat.

- Er würde gerne eine Kochausbildung machen, obwohl er schon oft in Küchen gearbeitet hat und gut kochen kann, weiß er, dass man in Deutschland „Zertifikate" haben muss. Sein Traum ist ein eigenes kleines Restaurant.

III. Interviewprotokoll Nazim

Datum und Uhrzeit:	*13.10.2014; 11 Uhr*
Ort:	*Bibliothek Wohnheim B*

Kontaktaufnahme

- Vorschlag von der in Wohnheim B arbeitenden Sozialpädagogin auf die Frage nach potentiellen passenden Interviewpartnern
- Mit der Sozialpädagogin Nazim „zuhause“ (im Zimmer, das er sich mit Rest seiner Familie teilt) besucht und gefragt, dieser stimmte gleich zu, hätte das Interview auch sofort gemacht
- hat gleich erzählt, dass er gerade „viel Stress“ hat weil er Arbeit bzw. Ausbildung finden muss

Beobachtete Verfassung des Befragten

- sehr gestresst und unruhig
- hat oft nervös im Raum umhergeschaut und mit seinen Händen gespielt
- machte einen traurigen und niedergeschlagenen, teilweise verzweifelten Eindruck

Interaktionsverhalten zwischen Autorin und Befragtem

- sehr höflich (immer gesiezt obwohl das Du angeboten)
- hatte das Gefühl dass er sehr ehrlich war und sich freute, dass ihm jemand zuhört (mehrmals bedankt)

Während dem Interview

- Sprachliche Auffälligkeiten:
    - Manche Wörter falsch ausgesprochen (Liebe=Leben)
    - Teilweise sehr schwer verständlich (öfters genuschelt und schnell geredet)
    - Sehr häufig hat er Sätze nicht zu Ende geführt, sondern ist nach angefangenem Satz/Gedanke zu anderem Thema gesprungen
    - Sehr „emotionale“ Sprache: sehr starke Betonung bei Sachen die ihn sehr betreffen
- Kaum Beachtung des Aufnahmegeräts

Nach dem Interview

- hat sich mehrmals für das Interview bedankt
- als Interviewerin Ratte draußen auf dem Hof entdeckte, erzählte er nochmal viel über das Leben im Wohnheim:

  - mit vielen BewohnerInnen hat er kein Problem, aber mit Serben teilweise schon und vor allem mit den Kurden, mit denen sie sich eine Wohnungseinheit teilen, da diese Schweinefleisch in der gemeinsamen Küche essen und kochen und seine Familie dies als Muslime nicht möchte; außerdem sind sie sehr laut und respektieren nicht die Krankheit des Vaters
  - „Hier lebt man wie Schwein", will wie „Normaler" leben
  - „Hier kann man nicht leben"
  - Wegen Freunden, die er im Wohnheim hat, würde er gerne da bleiben, aber es ist generell zu laut und zu viele Menschen
  - Man kann keine Freundin mit nach Hause bringen, die würde direkt wieder gehen (schlägt Hände über dem Kopf zusammen)
  - Er würde gerne Fotos von dem ganzen Müll, der auf dem Hof des Wohnheims liegt, machen und es der Stadt schicken
- Vor zwei Monaten hat er Abschiebungsbescheid bekommen: weiß nicht wo er hin soll im Kosovo wenn er zurück muss, hat dort schon noch Familie, aber ist jetzt hier in Deutschland zur Schule gegangen und hat hier Freunde
- Im Gericht haben sie sich trotzdem sehr gefreut, als Rest der Familie Aufenthaltserlaubnis erhalten haben
- Krieg im Kosovo 1999: er war da sechs, „kann man nicht leben im Krieg", sonst hätte er nie gedacht, dass sie nach Deutschland kommen weil sie „großes Haus" in der Nähe von Pristina hatten; Vater war damals schon krank
- Er will „besser werden" in Deutschland: wenn er jemand besser Deutsch sprechen hört dann denkt er sich, dass er auch besser werden will
- Hat viel und oft Angst, auch hier im Heim, weil „viel Polizei" da ist